低碳背景下环境审计理论研究

沈航／刘安民 著

中国纺织出版社

图书在版编目（CIP）数据

低碳背景下环境审计理论研究 / 沈航，刘安民著
. -- 北京：中国纺织出版社，2018. 11（2022. 1 重印）
ISBN 978-7-5180-4133-6

Ⅰ. ①低… Ⅱ. ①沈… ②刘… Ⅲ. ①环境管理－审计－理论研究 Ⅳ. ① F239.6

中国版本图书馆 CIP 数据核字 (2017) 第 241450号

责任编辑：汤　浩　　**责任印制**：储志伟

中国纺织出版社出版发行
地　址：北京市朝阳区百子湾东里 A407 号楼　**邮政编码**：100124
销售电话：010-67004422　**传真**：010-87155801
http://www.c-textilep.com
E-mail：faxing@c-textilep.com
中国纺织出版社天猫旗舰店
官方微博 http://weibo.com/2119887771
北京虎彩文化传播有限公司　各地新华书店经销
2018 年 11 月第 1 版　2022 年 1 月第 6 次印刷
开　本：710mm×1000mm　1/16　**印张**：14.125
字　数：182千字　**定价**：67.00 元

前言

这是一部关于审计环境理论研究的学术专著。作者以低碳经济为背景讨论了环境审计理论，并构建了环境审计理论框架和环境审计评价体系。本书通过构建环境审计理论框架和构建环境审计评价体系，旨在加强环境评价和保护生态环境，提高生态效益和提升生态安全，加快生态文明建设和深化生态体制改革。本书所采用的方法为环境审计评价的理论分析和实践应用提供了一定的供鉴作用。

本书为湖南省教育厅科研项目（15C0375）和衡阳市科技计划项目（衡科发〔2016〕11 号）研究成果。

目录

第一章　环境审计理论基础

第一节　低碳背景下的环境审计

一、低碳审计的演进历程

审计署在2008—2012年审计工作规发展规划中，就将我国审计类型分为财政审计、金融审计、企业审计、经济责任审计、资源环境审计以及外涉审计六大类，并且在资源环境审计中明确地提到了有关对环境中水、大气、固体废弃物以及生态保护方面的审计，从目前对低碳审计的研究成果来看，低碳审计的主要内容就是对温室气体的主要元凶——碳的排放量进行重点的监督[1]。因此，在这个角度上可以认为是低碳审计的起源。

（一）低碳审计的产生

王芳在对英国低碳审计的理论结构进行梳理时，提到低碳审计的产生，是从1989年 Friend of the Earth 协会的章程中正式提及“环境审计”一词开始阐述的[2]。对于我国环境审计的起源，刘长翠、周芳认为，我国环境审计真正起源于1988年，但之后一直到1994年，并未出现实质性的环境审计研究成果，因此，现在也有很多学者将环境审计的起源时间认定在1994年左右[3]。张长江等以1999—2009年的

[1] 审计署．审计署2008至2012年审计工作发展规划，中国审计报 [N].2008,7,14，第三版．

[2] 王帆．英国低碳审计：回顾 • 框架 • 启示，经济与管理 [J].2010(11):70-74.

[3] 刘长翠，周芳．环境审计研究：历史、现状与未来——基于国内研究的实证分析与理论述评 [J]. 审计研究,2005(04):49-54.

689篇环境审计论文为样本，对环境审计的研究内容、研究方法等作了详细的梳理与分析，发现由于近三年全球低碳需求的显著趋增，对低碳审计的研究日渐兴起，理论研究水平在不断提高，但是环境审计实践研究依然较为滞后[1]。

（二）低碳审计的发展

随着对低碳经济的关注度日渐提高，低碳审计也日渐引起各界的重视。正如前文所述，各界对低碳审计的重视度日渐提高，低碳审计的研究文献也呈现快速增长趋势。从研究的内容来看，对低碳审计的研究主要还是集中于理论体系的构建以及国内外对低碳审计典型案例的述评。钱英莲和樊鹏燕在对煤炭企业的低碳审计研究中，便是对低碳审计的概念、内容、程序、方法以及特定的企业在审计时所经常遭遇的问题和路径进行了阐释[2]；何雪峰等、李兆东等、袁宏路均提到了低碳审计的概念、目的、审计的程序以及内容[3]；另外，陆婧婧和苏宁通过对美国、丹麦、英国、中国香港等的低碳审计案例的比较，提出了在中国内地实行低碳设计的必要性以及相关启示[4]；王帆详细梳理了英国低碳审计的整体理论框架，从其发展历程到审计方法设计内容，得出了对我国低碳发展的启示，包括低碳政策的制定以及执行情况审计、低碳收支的审计监督以及低碳产品的审计认证等[5]。刘少瑜等对香港的碳审计进行了详细的阐述，对其理论框架以及具体的碳排放量核

---

[1] 张长江，陈良华，黄寿昌．中国环境审计研究10年回顾：轨迹、问题与前瞻[J]．中国人口•资源与环境，2011(03):35-40.

[2] 钱英莲，樊鹏燕．煤炭企业低碳审计内容与方法研究[J]．会计之友，2010(11):14-17.

[3] 何雪峰，刘斌．碳审计理论结构初探[J]．会计之友，2010(10):25-26; 李兆东，鄢璐．低碳审计的动因、目标和内容[J]．审计月刊，2010(08):21-22; 袁宏路，低碳审计在我国低碳经济发展中的应用分析[J]．企业导报，2011(08):56-57.

[4] 陆婧婧，苏宁．碳审计的国际比较及启示[J]．商业会计，2010(16):29-30.

[5] 王帆．英国低碳审计：回顾•框架•启示[J]．经济与管理，2010(11):70-74.

算方式进行了重点的阐述，并通过对香港的典型性研究，提出了在中国内地推行低碳审计的策略性建议[1]。

二、低碳审计的概念界定

目前与低碳审计的相关各类词语主要“有低碳经济”“低碳评价”和“碳审计”等，虽然它们都致力于对节能减排进行鉴证，但是其内涵有着很大的不同，并且研究的侧重点亦不相同。从研究成果来看，很多学者在对低碳审计概念的界定中将“低碳审计”“碳审计”“低碳评价”混为一谈。因此，本节在梳理低碳审计理论体系时，首先对“低碳审计”的概念进行界定。

（一）低碳审计与低碳经济

低碳审计是基于低碳经济背景而提出的一个名词。陈燕燕和彭兰香从审计的本质特征方面对低碳审计做出了定义：低碳审计是由独立的审计机构对政府和企业在履行碳排放责任方面所进行的检查和见证，是对碳排放管理活动及其成果进行独立性监督和评价的行为[2]。英莲钱和樊鹏燕则认为，低碳审计是有关审计组织，根据国家政策法律和有关规章制度、标准、审计准则，对被审计单位或部门的低碳生产经营资源利用、财务信息、职责履行等活动进行的特殊管理[3]。

“低碳经济”与“低碳审计”虽然都是在全球气候变暖、气候异常的大前提下被提出来的，但“低碳经济”的侧重在于其对经济环境背景的定义，而“低碳审计”则是在这样一个背景之下对低碳生产经

[1] 刘少瑜，邹阳生，安德雷斯·依班尼斯．香港碳审计：向温室气体减排迈进，第六届国际绿色建筑与建筑节能大会论文集，中国城市科学研究会、中国绿色建筑委员会、北京市住房和城乡建设委员会，2010:6.

[2] 陈燕燕，彭兰香．我国碳审计存在的问题及对策思考，财会月刊，2010(27):71-73.

[3] 钱英，樊鹏燕．煤炭企业低碳审计内容与方法研究 [J]. 会计之友，2010(11):14-17.

营或企业碳排放责任的监督与监察。

（二）低碳审计与低碳评价

低碳评价，是学者基于“低碳审计”的概念所提出来的对企业低碳生产经营以及碳排放责任履行情况的述评。从概念的涵盖范围来说，低碳评价的范围要大于低碳审计，其所要回答的问题，不仅仅包括对评价指标的设计，还包括评价模型、评价标准等，同时也包含了对于推行低碳工程的各项激励措施等。从目前国内的主要研究文献来看，更多的学者将其研究的重点落在了指标体系的研究上，对于指标体系的评价体系研究较少。

（三）低碳审计与碳审计

尽管“碳审计”的概念来源于“低碳审计”的概念界定，但是它的概念范围要略小于低碳审计，碳审计是在世界各国为减排而努力的背景下作为评价和指导温室气体排放的工具而产生的。因此，对于“碳审计”的概念，很多学者都是从低碳审计的基础——温室气体排放的测量来总结的定义：“碳审计就是针对能源消耗所产生的温室气体排放对环境影响的审计行为。”

三、低碳审计的内涵

低碳审计应该是在实行低碳经济的背景下，对于企业的温室气体排放、低碳政策的推行、低碳技术的应用等各方面的监督与监察。从它的作用来讲，低碳审计较于低碳经济，更侧重于监督与监察的手段与方式的选择。从范围来讲，低碳审计的范围介于低碳评价与碳审计之间。因此，低碳审计评价指标体系的设计，不仅应涵盖碳排放量测定的元素，而且应涵盖政府执行以及经济社会环境等各方面的元素。

（一）低碳审计的目的

低碳经济已经是全球所关注的重要问题，使用新能源以及可再生能源替代化石燃料以减少碳排放量也是许多国外学者一直都在呼吁的重要课题。Abdden Omer 在对苏丹可再生能源以及新能源的应用研究中，指出“气候变化是目前全球讨论的热点问题，化石能源的过度使用也被看成气候变暖的缘由之一，因此，可持续发展成为全球讨论的政策目标，尽管到目前为止，世界还未对可持续发展有一个明确的定义以及并没有度量它的精确指标，但是全球对可持续发展的关注依然十分地紧迫与渴望”。同时，Abdden Omer 还很明确地指出，目前低碳经济的兴起，一部分原因是气候变化导致的有关气候的科技发展，另一部分原因则是隐藏于气候科学背后的商业机遇[1]。

而在国内审计界，很多学者在探讨低碳审计时也对其目的进行了研究。李兆东等认为低碳审计的目的就在于通过社会或是行政机关的审计监督，促使低碳政策的落实，促进低碳技术的推广应用以及有效缓解“温室效应”带来的危害，从而维系人类社会的长期健康与和谐[2]。袁宏路则具体地描述了低碳审计的目标：低碳政策法规的科学性、低碳责任履行的效果性、低碳补助资金运用的效率与效果、低碳财税政策的真实性以及碳交易市场体系的完善性[3]。

（二）低碳审计的内容

在目前的国外文献中，有关低碳审计、低碳经济的研究已经很多了，相对于国内以大范围的理论研究、框架研究为主，国外对低碳审

[1] Omer,A.M., “Renewable Building Energy Systems and Passive Human Comfort Solutions,” *Renewable& Sustainable Reviews*,2008:1562-1587.

[2] 李兆东，鄢璐．低碳审计的动因、目标和内容 [J]. 审计月刊 ,2010(08):21-22.

[3] 袁宏路，低碳审计在我国低碳经济发展中的应用分析 [J]. 企业导报 ,2011(08):56-57.

计的研究更倾向于低碳经济的具体环节以及具体的案例。例如，在碳交易市场方面，Constancio Zamora Ramirez 和 Jose Maria Gonzalez 在《*Contribution of Finance to the Low Carbon Economy*》一文中，从法定以及自愿两个角度回顾和归纳了主要的碳资产，分析了减排购买协议 (ERPAs) 的基本结构，通过梳理，在一定程度上明确了财务在碳交易过程中的主要作用[1]。另外，也有很多学者在研究中发现，建筑业的碳排放量在温室气体的排放量中占据着重要位置，建筑业是减排潜能最大的行业，因此，很多学者也将碳审计的重点放在了建筑物上。香港环境署与机电工程署，还编著了《香港建筑物（商业、住宅公共用途）的温室气体排放及减排的审计和报告指引》，不仅规定了各种碳排放源的碳排量的计算，而且规定了碳审计报告的基本格式，这对于中国内地推行碳审计有着十分重要的积极意义[2]。

此外，许多国外的学者都提出，低碳审计的主要内容与目的不仅仅在于对温室气体的排放进行监控，更在于能出具一份真实有效的碳审计报告，通过报告中反映的内容来更好地监督企业、政府等实现低碳运行。但是，有很多学者在研究过程中指出，低审计报告的推行将面临不小的挑战。Olson 在其文章中就明确地揭示了温室气体的排放报告的推行所需面对的挑战；同时，指明了碳审计与传统审计之间的区别，提出必须敦促企业如实透明报告其碳排量[3]。

在国内，对于低碳审计内容的研究则主要集中于审计本身所包含

[1] 转引自 Martin – Barrera,G. , et al. , “Application of Real Options Valuation for Analysing the Impact of pulic R&D Financing on Renewable Energy Projects: A Company’s Perspective”, *Re-newable&sustainable Energy Reviews,*2016:292-301.

[2] 香港环境署与机电工程署 . 香港建筑物（商业、住宅或公共用途）的温室气体排 放及减除的审计和报告指引 ,Http://www.epd.gov.hk/epd/tc_chi/climate_/ca_guidelines.html.

[3] Olson, E. G. , “Challenges and Opportunities form Greenhous Gad Emissions Reporting and Independent Auditing", *Managerial Auditing Journal* 2010:934-942.

的各个方面。李兆东等认为，低碳审计的主要内容是低碳政策的制定和执行情况的审计；低碳财税资金的审计监督以及低碳经济行为和产品的审计认证，而未来，随着低碳经济的进一步发展，低碳审计的内容将在功能上作出进一步的拓展与深化[1]。钱英莲和樊鹏燕则在分析审计工作的主要流程时对低碳审计的内容进行了阐述，并且强调了舆论宣传对低碳审计工作开展的重要性[2]。陆婧婧和苏宁认为，碳审计有其特殊之处，因此，碳审计的主要工作应该是如何计算与估算温室气体的排放量以及确定温室气体的排放系数[3]。

（三）低碳审计的基本程序

广义的审计流程是指从审计人员接受被审计单位委托开始，到审计工作结束的全部过程，一般分为审计准备、审计实施以及审计终结阶段。而对于低碳审计，其程序大体上也和常规的审计流程相类似。钱英莲和樊鹏燕在对煤炭企业低碳审计内容与方法的述评中提到了低碳审计的基本流程，并将其分为八个步骤：确定审计目标及内容，签订审计委托书，深入用能单位收集相关数据，检测现场与调查情况，整理和分析数据，经济分析选定的节能项目，编制审计报告，定期回访调查[4]。何雪峰等在对审计理论结构进行初步探究时，对低碳审计的程序分为审计项目的确定、审计方案的制定、审计程序的实施、审计报告的编制和审计评价标准的研究与制定五个主要程序[5]。

---

1 李兆东，鄢璐．低碳审计的动因、目标和内容 [J]. 审计月刊，2010(08):21-22.

2 钱英莲，樊鹏燕．煤炭企业低碳审计内容与方法研究 [J]. 会计之友，2010(11):14-17.

3 陆婧婧，苏宁．碳审计的国际比较及启示 [J]. 商业会计，2010(16):29-30.

4 钱英莲，樊鹏燕．煤炭企业低碳审计内容与方法研究 [J]. 会计之友，2010(11):14-17.

5 何雪峰，刘斌．碳审计理论结构初探 [J]. 会计之友，2010(10):25-26.

四、低碳经济背景下的环境审计

（一）低碳经济的含义

低碳经济已成为各地的热点，但是对低碳经济的内涵尚未达成共识。有学者认为低碳城市建设需要以集群经济为核心，推动产业结构创新和节能减排创新，同时以知识经济为核心，推进内涵发展创新。也有学者认为低碳经济主要体现在两方面：一是低碳生产；二是低碳消费。低碳经济通过技术和机构的创新，减少能源消耗，降低温室气体和污染物的排放，实现可持续发展。鉴于此，本书认为低碳经济是可持续发展理念指导下的经济发展模式，旨在通过技术创新、制度创新、产业的可持续发展，以及开发新能源，来减少碳能源的消耗和温室气体的排放量。其实质是绿色经济，基础是低能耗、低污染，关键是提高能源利用效率和优化能源结构，核心是能源制度创新和技术创新，目标是减缓气候变化和促进人类的可持续发展。

1. 低碳经济的特点。

低碳经济是针对当前气候变化应运而生的，有其本身的特点。第一是外部性。低碳经济不是一个国家的内部问题，而是关乎全球公共利益的问题，是国家与国家之间的利益问题。它包括两个方面：正外部性与负外部性。前者指行为者不能获得行为的全部收益，即行为者只获得了其行为产生的部分收益，有相当部分收益被他人无偿占有。例如，一个国家致力于植树造林，提倡节能减排，不仅其自身收益，而且其他国家也将受益，这是正外部性。后者指行为者不必完全承担其行为的成本，即行为者只承担其行为成本的一部分，有相当部分成本由非行为者承担。第二是经济性。作为“全球公共产品”的低碳经济必须遵循市场经济的原则和机制。低碳经济的发展不能以降低人民的生活水平和福利为前提，相反低碳经济必须能不断提高人民的生活水平。第三是创新性。低碳经济的发展是对人类工业文明发展模式的一种创新。它的特点是通过技术创新来提高能源利用效率和减少温室气体排放。其内涵还包括可持续生产、消费和思维模式的创新。

2. 低碳经济的发展模式。

随着全球人口的不断增长和经济规模的不断扩大，由能源引起的环境问题已经引起人们的重视。日益增加的碳排放所导致的全球变暖已经对地球的环境造成严重的威胁，这是个不争的事实。低碳经济是一种创新的、高层次的经济发展模式，它的目的是在低能耗、低污染、低排放的基础上提高能源利用效率和创建清洁能源结构。在未来世界经济的竞争中，低碳经济必定拥有很强的竞争力。各国将根据各自的实际情况大力发展低碳经济，目前尚未形成通用模式。中国的低碳经济模式强调政府和市场以及企业和居民之间的合力。政府在信息指导、法规监督和经济措施的执行方面发挥宏观调控作用。作为低碳经济重要载体的企业，在有关政策的指导下，促进低碳经济技术的创新和推广，实现战略升级，优化产业结构。通过整合各种资源，努力推进以市场为导向的低碳经济，实验经济社会的可持续发展。

3. 低碳经济与环境审计的关系。

低碳经济作为一个广泛的社会前沿经济理念，时下已成为国内外的热点。低碳经济理念的提出为环境审计工作提供了新的思路，同时也提出了新的要求。随着人们环保意识的提高和环境治理成本的增加，推进环境审计已是大势所趋，将低碳经济引入环境审计工作中，为审计工作指明了新的方向与重点，是推动环境审计蓬勃发展的重要途径。

在环境审计中引入低碳经济理念，保证了环境审计与时俱进的发展，有利于发挥环境审计在推进绿色经济方面的作用。首先，在环境审计中引入“低碳经济”概念是贯彻落实科学发展观的需要。我国已向国际社会作出正式承诺，到 2020 年我国单位 GDP 二氧化碳排放量比 2005 年下降 40% ～ 45%。由此可见，低碳经济是未来我国资源环境保护重点关注的方面。低碳经济视角下的环境审计有利于“转变经济发展方式”“建设资源节约型、环境友好型社会”，深入落实科学发展观。其次，引入“低碳经济”概念是环境审计行业发展的需要。环境审计是一项综合性、多学科的工作，需要根据时代发展完善传统业务，开发新兴业务；在环境审计工作中融入时下最流行的低碳经济思想，能保证环境审计行业紧跟时代潮流、飞速发展。最后，引入“低碳经济”概念是提高环境审计可操作性的需要。审计人员在开展环境审计工作时最头疼的是选择哪些指标进行成本效益分析，引入“低碳经济”概念为审计工作的开展指明了方向。审计人员以二氧化碳排放量、单位 GDP 能耗、可再生能源消费量等低碳指标为切入点推进操作流程，这将有助于提高环境审计的可行性。

（二）环境审计的含义

环境审计出现的时间并不长，各方对其内涵尚未形成统一的认识。环境审计的定义是用来解释其本质特征和对其概念作准确描述的工具。

1. 环境审计的含义

学术界对环境审计的定义还没有达成一致的意见，现在主要有以下几种观点（如表 1-1 所示）。

表 1-1　环境审计的定义

主要观点	侧　　　重
主体论	强调的是审计的主体，依照主体的职能来确定环境审计的范围、性质、功能
功能论	关注的是环境审计能够实现的功能，只要能达到这些功能，就属于环境审计的范畴
全面论	试图从主体、性质、范围、内容、功能等方面来概括环境审计

相比其他观点，功能论更能解释环境审计的本质特征。我们进行环境审计的目的是促进国家和社会在发展经济的同时，注意对资源的可持续利用以及对环境的保护。只要能够实现上述功能的审计活动，都可以被称为环境审计，由此这一论断符合环境审计定义的本质要求。随着社会变迁，审计主体在不断变化，以审计主体来定义环境审计会有较大的局限性。而全面论则违背了“定义”要求精炼这一关键。综上所述，环境审计是对企业与环境行政部门的环境信息进行系统检查，以确定环境管理系统运行情况的审计活动[1]。因此，环境审计是指国家审计机关、企业内部审计机构和注册会计师等审计组织，通过整合各种资源，依据法规和标准对被审计单位和环境管理的真实性、合规性和有效性进行监督、评价和鉴证的一种经济管理活动。

2. 环境审计的内容。

环境审计的内容包括狭义的环境保护，即废水、废气、固体废弃物的处理等，还包括广义的环境审计，即资源的可持续开发和利用等。环境审计的内容可以从以下各个方面来展开分析：

第一，环境法律政策的执行情况审计。根据党中央提出的可持续发展战略，我国从 20 世纪到 21 世纪提出并通过了许多与环境保护有关的法律法规，大致上能让环境保护工作得到法律的认可。但是我国东西部、城市和农村等发展不平衡，再加上一些政府急于作出政绩，对环境保护的工作不够重视，导致大家没有贯彻执行全部的法律法规，部分行为甚至完全违背法律法规。因此，我们在进行环境审计时，先要看看那些企事业单位总体上执行法律法规的情况。

第二，环境管理审计。法律法规规定的环境保护实施条款相对于

[1] 刘爱良 . 环境审计基本理论问题研究 [J]. 中国内部审计 ,2010(05):38-40.

某个具体的企业来说是比较宽泛的，大中型企业应该专门制定一套系统来对环境相关事项进行管理，以便整个企业的环境保护情况得到更好的控制。这套系统具体有表现在三个方面：一是在理论上，我们要在思想上高度重视它，在企业内部经常开展一些小型座谈会，并在报刊栏目上进行宣传。二是在制度上，我们要把环保实施的章程列进去，并且根据企业具体情况，列出细则，还要把责任落实到人，实施奖惩制度。三是在整个环境管理系统的更新上，我们要开展“头脑风暴”，大家集思广益，为创新系统、优化系统提建议。

第三，环境指标的履行情况审计。众所周知，企业存在的目的是营利。在工业发展阶段，企业污染环境以减少成本、提高利润在所难免。国家为了强制性督促企业保护环境，就规定了许多环境指标。有了这些规定还不行，我们还要看企业能不能履行这些规定。环境指标的履行情况审计就是对企业有没有按照法律的规定进行生产的情况进行审核，对企业生产的活动有着重要的检查作用，在实际生活中，我们一定要把这项工作落实到位。

第四，环境会计报告的真实合法性审计。对于环境审计的内容，之前提到了法律政策政府的执行情况，提到了企业对一些强制性指标是否履行了，审计出来的报告是不是真实的。①审计人员有可能不专业；②企业给审计人员的资料有可能不真实；③两者可能存在金钱交易。我们一定要弄清楚审计报告的真实性。如果审计报告是真实的，我们才能得到正确的结论，作出正确的决策。

第五，环境风险的预防性审计。这项环境审计内容看起来比较抽象，说得通俗点就是企业单位生产产品可能会产生环境污染，我们要提前预测会产生多少污染，污染哪些资源，处理污染物要付出的成本是多少，根据这些数据来想办法减少污染量，从而提前做到更好地保护环境，减少成本。

3. 环境审计的目标。

环境审计的目标就是实施环境审计这一活动所要达到的目的或所期望的成果，它是环境审计实施的动力，对环境审计实践起着不可或缺的引导作用。同样，环境审计目标的定义也是不统一的，现在主要有一元目标论、二元目标论和三元目标论之分，详细情况可见表 1-2。

表 1-2　环境审计的目标

观点	主要代表人物	具体介绍
一元目标论	李学柔、张以宽、刘力云	一元目标论就是举例子，把一个个审计目标给写出来，而这些目标之间是没有关联的。他们举了一些环境审计目标的例子，包括调查法律执行得是否到位、看看这个系统有没有用、调查跟踪环境会计的报告是不是符合实际情况、判断环境保护工作做得怎么样等
二元目标论	池晓勃、陈汉文、袁素琴、刘长翠、张春梅、李永呈	二元目标论比李学柔等人主张的一元目标论更复杂一点，多了一个长远目标，即实现经济的可持续发展，具体目标是一样的，就是上述一元目标论举的例子
三元目标论	魏顺泽、蔡春	魏顺泽等认为环境审计的二元目标不够，又加了个直接目标，这个直接目标就是具体明确了哪些单位需要环境审计，比如说大的国企，或政府，其他两个目标和二元目标论是一样的

一元目标论对具体目标进行了总结，但是会出现遗漏、列举不全面的问题。二元目标论相对一元目标论来说，明确了各个环境审计目标的层次，形成了环境审计目标体系的基本架构。三元目标论在二元目标论的基础上增加了直接目标，但体系结构性不强，与二元目标论也没有本质区别。综上所述，二元目标论是比较符合实际要求的。

4. 环境审计的模式。

各审计主体在实施环境审计时，针对不同类型的环境问题应选择不同的审计模式。

第一，以环境信息为导向的审计模式。它是以被审计单位记录的环境信息为线索，追踪相应的业务活动，进而对环境保护的合规性和绩效性进行评价的一种模式，这种模式要求企业有比较完善的环境会计系统，真实全面地计量、确认和披露环境会计信息。

第二，以问题为导向的审计模式。它是以被审计单位暴露的问题为线索，通过调查、收集证据，分析问题的成因，帮助企业制订已识别缺陷的弥补性计划的一种审计模式，当企业在环境方面发生重大事故或暴露出突出问题时比较适用该审计模式。

第三，以项目为导向的审计模式。它是以被审计单位涉及环境问题的重大项目为线索，对项目实施的过程和结果进行检查分析，找出导致项目活动发生偏差的因素，并帮忙纠正错误的一种审计模式。该审计模式能尽早地发现经济活动对环境的影响。它不同于一般的事后审计，而是对涉及环境问题的项目全过程进行审计，避免了环境问题“先污染，后治理”的老路。

（三）低碳经济背景下环境审计的基本内容

表1-3展示的是低碳经济实施前后环境审计理论框架的比较内容。对于环境审计而言，其领域的特殊性要求其有独特的方法。目前提出的主要环境审计方法包括费用效益分析法、机会成本法、资产价值法、恢复防护费用法、调查评估法、人力资本法、环境决策分析和风险分析法等。也有学者采用（E_i 表示能量类型，K_i 为碳排放系数）模型来预测固体燃烧源的碳排放量，从而对环境审计效益进行评估。

表 1-3　低碳经济实施前后环境审计的理论框架对比

环境审计框架	低碳经济实施前	低碳经济实施后
目标	经济建设与环境保护平衡	优化能源结构，低碳可以持续发展
主体	政府审计为主	政府、企业内部、民间审计并重
对象	牵涉环境问题或环境治理的经济活动	室温气体与碳排放
依据	环境政策法规、环境标准会计标准、审计准则	侧重有关碳排放、碳治理的政策
程序	准备、实施、报告阶段	适用传统环境审计流程
方法	传统八大类方法、费用效益分析法	碳排放模型

1. 低碳经济背景下环境审计的目标。

低碳经济是现代化建设的必由之路，在此背景下，环境审计的目标自然要顺应现代化建设的要求。低碳经济的核心目标是希望通过能源技术上的创新来优化能源结构、提高能源利用效率，从而建立一种减少温室气体排放的低碳经济发展模式，缓解气候变化。因此，在低碳经济背景下，通过节能减排审计、环保审计、低碳审计等，确保低碳政策有效实施以减缓温室气体排放带来的气候变化，促进可持续发展成为环境审计的最终目标。具体来说，是要监督低碳相关政策法规的科学性，对被审计单位的低碳责任实际履行情况、低碳产品补助资金使用情况及低碳交易行为进行监督和评价。

2. 低碳经济背景下环境审计的主体。

虽然环境审计起源于企业内部，但其主体主要是国家审计机关。尽管政府审计部门大力推动环境审计建设，但审计主体仍显得过于单一。在目前低碳经济发展的特殊情况下，企业承担了低碳经济建设的主要责任，因此企业内部审计机构成为低碳经济背景下环境审计的主体无可厚非。另外，周兰、郭芬指出，根据委托代理理论，注册会计师在企业低碳经济审计中占据主体地位[1]。综上所述，在低碳经济这一新型发展模式的驱动下，环境审计主体将以国家审计、企业内部审计和民间审计为主，并应加强注册会计师等专业第三方机构的作用。

3. 低碳经济背景下环境审计的对象。

一般来说，环境审计的对象是牵涉环境问题或环境治理的经济活动，而低碳经济的背景将环境审计的对象转向了温室气体产生和排放过程，即所有与能源相关的包括现金收支或能源消耗的经济活动。结合前文所述低碳经济背景下环境审计的目标，不仅包括传统的环保资金财务收支审计、对低碳经济专项资金使用收支的审计和对低碳产品的认证审计等内容，还可以扩展为碳税补贴和碳交易提供支持。

4. 低碳经济背景下环境审计的依据。

近年来，随着环境问题被广泛重视，我国在低碳经济领域的立法也大有建树，先后制定了《新能源产业发展规划》《中华人民共和国节约能源法》《中华人民共和国可再生能源法》《中华人民共和国清洁生产促进法》《中华人民共和国循环经济促进法》《“十二五”节能环保产业发展规划》《中国应对气候变化的政策与行动》《关于发展低碳经济的指导性意见》等，这些法律法规在出台后成为低碳经济背景下环境审计的依据，对于提高资源使用效率、大力发展新能源具有积极意义，并有利于推进我国环境审计工作法制化、规范化发展。

5. 低碳经济背景下环境审计的程序与方法。

低碳经济背景下环境审计的程序侧重于温室气体对气候变化的影响，关注节能减排、低碳技术运用及清洁能源使用效率等，但同样适用传统环境审计流程，可分为事前审计、事中审计、事后审计三个阶段。

[1] 周兰，郭芬，低碳经济下企业社会责任审计模式研究 [J]. 中南财经政法大学学报 ,2011(03):120-125、144.

具体如图 1-1 所示。

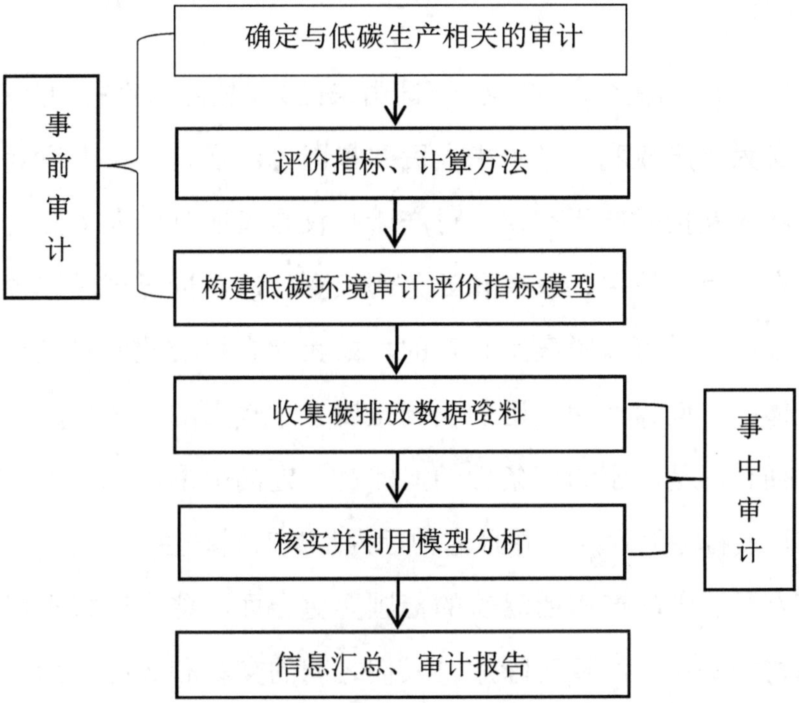

图 1-1 低碳经济背景下的环境审计流程

第二节　环境审计的本质：产权理论

一、产权理论的提出与审计发展

环境资源是公共资源的一种，企业和居民之间行为的不一致，促使各自的环境资源使用和收益方式不同，即企业的生产经营行为对环境污染的影响远远大于居民。为了避免“公地悲剧”，就要约束企业（污染方）对公共资源部分权利的行使，当确定的行为出现时，要明确双方如何享有收益和承担损失，一方必须向另一方提供补偿，以纠正不适宜的行为。

1.“产权”的概念。“产权”一词由来已久，按照马克思的产权理论，它被定义为财产权利。《中华人民共和国民法通则》第五章第一节中指出：产权是指财产所有权，财产所有权是指所有权人依法对自己的财产享有占有、使用、收益和处分的权利。通常情况下，这种所有权人的部分权利是可以脱离所有权的，如我国农村土地所有权是属于国家和集体的，但收益和使用的权利是属于承包人的。这种所有权并不是绝对拥有，是附带约束条件的，即在一定的范围内，可以对所拥有的物品行使特定的行为，并且这种行为是具有排他性的。

西方经济学的产权所涵盖的范围要更全面一些，产权不仅仅局限于人与物的关系，产权明晰后，人们之间的交易和契约行为则建立在物的存在、使用和收益的基础上。公有产权的界定往往很难进行，公有产权具有非排他性，人人都可使用和享有其收益，往往造成无节制的滥用和资源浪费，即所谓“公地悲剧”；并且，由于公有产权人人唾手可得，所以很难在市场上被公开交易，不具有市场价格，人们往往忽视其与收益挂钩的生态成本。

2. 审计的产生。审计最早产生于我国，早期的审计主要属于内部审计范畴，强调机构内部部门运作的合规性，但真正意义上的现代审计——基于“受托责任”的审计源于英国，在生产力低下或者小规模经营时，生产资料的所有者也是生产资料的管理者和经营者，生产决策取决于所有权人自己，所以不需要第三方监管；当生产经营规模进一步扩大时，需要其他人的注资，甚至在最后生产资料的所有者不能直接经营和监管——所有权和经营权分离，由此受托责任产生，这种委托经营与受托经营的经济责任关系，奠定了审计的产生基础，而审计旨在通过监督、检查产生经营活动，防止双方的自私行为。所以，审计是基于受托责任关系而产生的，是为了维护经济管理活动中的所有者权益的一种活动。

传统的审计是指对被审计单位的会计报表及其他有关资料的真实性、公允性以及经济活动的合规性、合法性和效益性进行审查和取证，监督、评价和鉴证受托经济关系。传统审计的职能不能实现对企业进行环境审计的作用，无法在公有产权的基础上，对受托经济责任进行审计，对收益和损失进行评估，甚至无法做出弥补措施、纠正错误行为。

3. 审计的发展。基于受托经济责任的传统审计，从本质上讲，被审计的企业是私有制企业，产权是明晰的，是可以估价的，有市场的公允价值；在受托经济责任下，产权所有者是明确到个人的，产权具有排他性，归属简单、清晰，是私有产权。所以，受托经济责任产生只是产权发展的初级阶段，审计产生的根本原因是保护生产资料所有者的产权不受侵害。在经济发展的初期，人们更多地关注自身的长远利益，追求个人资产的增长和财富的积累，但随着经济的不断发展，在初期无暇考虑的环境问题逐渐显露出来，人们也越来越意识到环境资源这种公共资源的重要性。

环境产权不同于私有化、能够归属到个人的一般物权，是人人都能享有的公有产权。对于环境产权这种非排他性、公有性的产权，基于受托经济责任审计对企业进行审计是行不通的，不能满足产权内容和划分的复杂性，无法界定公有产权的权利责任，也不能核算企业污染行为的环境外部性成本，更没有考虑公有产权相关利益者的损失，不利于社会的公平性。企业单方面污染环境的行为是不被允许的，侵害了周围居民享受健康生活环境的权利，从产权的角度看，环境产权为双方共有，企业想要排污，就必须取得排污合法权—— 公有产权的部分权利，并且要赔偿所造成的损失。基于产权理论，要对公有产权进行私有化界定，只有这样才能明确环境污染责任，才能有效实施污染惩罚机制，才能有利于环境审计工作的有效开展。在产权理论下，不仅仅要对企业自身受托经济责任进行审计，更要鉴定、评价、界定环境产权的归属和资质以及产权交易价格的合理性和公允性，从而有效控制污染并进行治理。

产权理论促进了审计的发展，扩大了审计程序的可实施范围，使审计工作进行得更加顺利。更重要的是，基于产权理论审计的实施，使审计的独立性更加凸显，也有利于促进社会公平。

二、产权理论和环境的负外部性

若产权界定不清，产权不能有效计量，不能实现市场交易，无法自由流动，那么当企业行使所有权上附属的占用、使用、收益和处分权利时，不能锁定所有权人（责任人），不能实施惩罚和约束，从而无法对经济活动进行监督和评价，外部的不良影响会一直存在。环境产权的明晰，一定程度上可以缓解企业行为导致的环境外部不经济。

1. 科斯产权理论的内涵。科斯，1991 年诺贝尔经济学奖得主，被誉为“产权理论”的创始人。他认为，一个没有产权的社会，其自然资源的配置效率会很低下，甚至是无效，即一个资源配置有效的社会，其产权必定具有明确性、专有性、可转让性和可操作性的特征。产权的明确性是指有效行使所有权的限制及破坏限制的相应处罚机制要完善；专有性是指所有权人应该承担权利行使人产生的任何影响；可转让性是指产权可以像商品一样被交易。

基于科斯产权理论可知，经济行为的分析，首要任务是界定产权，明确限制当事人什么可为，什么不可为；然后通过权利的交易，使每个人都得到满足，以达到社会资源的利用效率最大化。因此，完善的产权制度，对人口的控制、资源环境的开发利用和保护具有重要意义，在国家宏观政策上，促进了经济的协调与可持续发展。在产权理论下，只有产权界定明晰，才能实现市场交易。市场交易价格是由稀缺性决定的，所以产权所代表的物或物的使用越稀缺，交易价格越高，成本越高，人们总是倾向于最大化来源于这部分高价值物的利润，即把这部分高价值资源运用到最有效率的生产活动中。

此外，为了实现产权的自由流转，应尽可能地扩大产权的流转范围。建立产权自由交易市场是完善产权制度的必经阶段，产权交易的结果使资源的竞争加剧，企业不得不寻求更加创新的生产方式以节省资源消耗，从而促使资源使用效率提升。同时，产权交易的结果会对不恰当的经济行为进行纠正和补救，弥补受损失一方的权益损失。

2. 环境负外部性的消除——产权明晰。“外部性”是一个经济学名词，由马歇尔[1]和庇古[2]在20世纪初提出，负外部性是指行为人实施的行为对他人或公共利益有减损的效应。环境的负外部性是指人们在进行经济活动时，不注意对环境造成的污染，且行为人并未因此给出任何补偿措施，没有把环境污染的成本计入产品成本中，导致环境污

[1] 阿尔弗雷德·马歇尔 (Alfred Marshall，1842—1924)，近代英国最著名的经济学家，新古典学派的创始人，剑桥大学经济学教授，19 世纪末和 20 世纪初英国经济学界最重要的人物。在马歇尔的努力下，经济学从仅仅是人文科学和历史学科的一门必修课发展成为一门独立的学科，具有与物理学相似的科学性。剑桥大学在他的影响下建立了世界上第一个经济学系。

[2] 阿瑟·塞西尔·庇古(Arthur Cecil Pigou,1877—1959)，英国著名经济学家，剑桥学派马歇尔的学生，被视为剑桥学派正统人物及主要代表。他由于《财富与福利》（后称《福利经济学》）一书而被西方经济学界奉为福利“经济学之父”，成为福利经济学的创始人。

染日益严重。20 世纪 70 年代，美国环境保护局（EPA）开始制定排污权交易程序，随后，排污权交易得到了很多国家的赞同，通过确定合法的排污权并建立排污权的市场交易机制，使得这种权利像商品那样可以被自由买卖，以此来进行污染物的排放控制。我国在 20 世纪 90 年代引入了排污权交易制度。

环境产权的明晰，从经济发展的长远角度看，能够实现资源的有效配置，即企业的行为超越了短视行为，将不再毫无节制地污染环境，会更加合理地利用高价值（成本高）的环境资源。随着人们对环境保护越来越重视，环境产权的价值将越来越高，企业对环境行使污染行为的成本会越来越高，所以企业在追求资源最优配置的情况下，会减少环境污染甚至不污染，而这有助于消除企业生产对环境造成的负外部性。站在企业自身的角度，如果企业排污量大，需要花高额的成本购买排污权，产品的成本增加，在市场上的竞争力减弱，企业跟有机体一样，同样经历着“适者生存、不适者淘汰”的自然规律，要想生存，企业只有寻求新的技术以减少排污。

三、基于产权理论的环境审计本质

目前，国内关于环境审计的理论研究主要围绕着审计署所展开的审计行动进行分析和评价。对于环境审计的理论基础，许多学者都有自己独到的见解，如“可持续发展理论”，它符合我国的基本国情；对于环境审计的本质研究，许多学者沿袭传统审计的论调；监督、检查和控制，但这种论调基本上局限于理论上，在实践指导方面依然欠缺可操作性。基于产权理论的环境审计本质的探讨和研究逐渐进入学者的视野，随着我国产权制度的不断完善，把产权理论引入审计工作中具有可执行性，也将为环境审计工作开创一个新的局面。

1. 产权与社会公平。市场经济条件下的社会公平不是平均主义，而是一种法定意义上的公平，即权利与责任、风险与收益的对等。社会公平最重要的一点是产权的公平，即一项资源，无论所有者是谁，享有的权利是一样的。如果没有产权的意识，就没有所谓产权的自由流动和转移，人类的生产经营活动将陷入混乱，一切威胁人类生存和发展的行为都会频繁发生，社会公平也就不复存在。所以，产权的意义，不仅仅在于约束社会人的不理性行为，更在于维护社会经济活动的有序进行，使得社会可以在法律层面上实现公平和公正。在经济社会，产权越明晰，越能够准确、合理地确定产权所有人的权利义务关系及其特定行为产生的后果；同时，产权越明晰，越能够促进资源的最合理使用，使资源流向最有价值的使用方式，实现资源的有效配置，从长期来看，这能够推动社会进步。相反地，产权的界定不明晰产权就会被滥用，产权利益相关者的权益就会受损，所以产权制度的建立和完善能在最大限度上保证社会相对公平。在大的范围上，环境审计的作用是维护社会秩序和公平，所以其本质也就是保护环境产权，并在审计的基础上促进企业积极治污。

2. 环境产权保护。自然环境是我们每一个人赖以生存的空间，享有它是大自然赋予我们每一个人的权利，这种权利具有公有性的特点。公有产权往往会造成“公地悲剧”[1]，企业生产经营活动往往伴随着大量的污染排放物，公有会导致无节制的未经处理的有害排放物，使环境受到严重破坏，威胁居民的健康生活。所以，经济学家提出企业要

[1] 中文名称：公地悲剧 (tragedy of the commons), 旨当资源或财产有许多拥有者，他们每一个人都有权使用资源，但没有人有权阻止他人使用，由此导致资源的过度使用，即为“公地悲剧”，如草场过度放牧、海洋过度捕捞等。应用学科：资源科技（一级学科）；资源管理学（二级学科）。

想做出损害公有产权的行为，如排污，就必须取得相应的权利，付出高昂的代价，即谁污染谁承担。应将公有环境产权界定明晰，落实到私有所有人，并使产权能进行自由的流动和转移，通过市场经济体制的成本制约因素，限制企业的污染行为，积极促进企业寻求、创新减排的生产方式。环境审计的本质——环境产权保护的含义：环境产权是公有产权，企业主一方做出污染环境的行为，对公有产权的其他个人造成了不能享受健康生活环境的损失；把公有产权的部分权利私有化，通过环境审计可以更好地限制企业的污染行为，即保护公有的环境资源，这样就能兼顾每一个利益相关者的产权，实现社会公平。对于政府组织，应该确立并不断完善对环境产权私有化的立法，切实保护产权利益相关者的权益。

3. 环境产权交易价格制度。环境审计实现的一个重要依据是产权活动能够进行会计计量，即能够实现环境产权的自由流动和转移，那么必须有一个交易的市场，在这个市场中，环境产权将作为商品被核算和管理，产权交易价格制度的确立是产权实行交易的前提和基础。环境产权定价和自由交易，重点是将微观企业对环境损害所造成的直接和间接损失计入企业的生产成本中，使企业的成本提升，从而使之丧失市场竞争力，为了降低成本，企业只能不断地研发新的节能环保技术，获得生产技术上的突破，或创新治污能力，这样就能起到积极减排和治理环境污染的作用。

四、基于产权理论内部途径下构建环境审计理论框架

（一）环境审计的主体和客体

由于环境产权的特殊性——带有一定的公允性，首先，在政府层面，

对相应环境产权的界定和明晰要出台具体的政策，要不断完善产权制度，使环境产权的交易和流通机制畅通；其次，应该依托第三方审计，利用社会审计的独立性与公允性对被审计单位的环境产权的取得和行使、所造成损害的价值评估以及财务方面的信息进行独立审计，并利用政府审计的权威性加强对被审计单位的监督与检查，以确保环境审计的有效实施。随着人们对环境问题认识的提高以及环境治理成本的增加，越来越多的利益相关者需要企业出具经过审计的包含环境会计信息的财务报告来调整其与企业的利益关系。为协调利益相关者之间的利益冲突，企业必须委托审计主体对其环境状况进行评估，审计主体的作用将变得越来越重要。

1. 环境审计的主体。按照环境审计的发展趋势，环境审计主要可分为政府审计、民间审计和内部审计。政府审计主要由各级审计机关开展。由政府主导的环境审计具有权威性，同时可以会同税务、财政、环保等部门进行联合审计，更好地监督企业环境责任的履行情况。环境审计覆盖面广，包含环保专项资金的使用情况，国家相关政策、法律法规的遵守情况等；时间跨度长、情况复杂，需要足够的人力、物力作保障，基于国家审计机构较完善的组织体系和强有力的财政支持，才能有效完成审计任务。目前，环境审计还处在探索阶段，大众的环保意识相对薄弱。此外，被审计单位在建设环境管理系统时，短期内成本高于收益，因此企业难以自觉开展环境审计。而政府审计凭借其权威性能够保证环境审计的顺利实施。因此，在很长一段时间内，政府审计将居于主导地位。

民间审计是指社会机构如会计师事务所、环境交易所等作为环境审计主体的审计活动。根据委托代理理论，诸如会计师事务所这样的中介机构专业能力强，实践经验丰富，能更有效地开展环境审计。中介机构不隶属于政府部门，也不参与企业的管理活动，是独立的第三方存在，最能客观、公正地反映环境审计的结果。随着环境质量边际效益的增加，环境审计的重点将逐步从合法性、合规性转向经济效益性，将需要更多的中介机构加入环境审计业务活动中。

内部审计是指由企业自身设立的环境审计机构和部门进行审计活动。内部审计部门作为一个常设机构，熟悉企业内部的流程，能对涉及环境问题的业务活动的全过程进行审计，及时发现存在的问题，最大限度地保证环境审计的质量。根据成本效益原则，当环境管理的收益高于环境治理成本时，企业会加强内部审计，优化产业结构，建立绿色经营系统。

2. 环境审计的客体。①环保政策的落实与执行。企业环保政策的制定体现了企业对环保的重视。在环境审计中，对于政策落实与执行的审计可以参考有关经济责任审计的相关原则与内容，重点审查政策法规制定的合理性、在执行过程中存在的偏差以及政策落实对周围环境改善的作用，以提高政策对环境保护的引导作用和对污染行为的约束限制作用。②环境产权的取得、行使和交易。在产权制度完善的情况下，企业要想对公有环境施行一定的行为，而这种行为会对周围的环境和居民生活造成不良影响，损害共有性，则必须取得施行相应行为的权利，并且承担自身行为可能造成的损失赔偿责任。所以，在环境审计中，应对产权取得的合法性、行使的合规性和交易的公开透明进行评价和鉴定，确保环境审计实施的有效性，以降低对环境的污染和破坏。

（二）环境审计的假设、原则和目标

环境审计的内部因素除了审计主体和审计客体外，还包括环境审计的假设、原则和目标。环境审计的假设结合了审计的基本假设和环境审计的产权特性；环境审计的原则体现了环境审计的外部影响内在化；环境审计的目标必须体现环境产权的审计。

1. 环境审计的假设。①独立性假设：指审计机构和人员主观上能够公平、公正地实施检查，撰写反映客观情况的审计报告。若第三方审计机构或人员的独立性遭到破坏，环境审计将不能实现降低污染、保护环境的重要使命。所以，审计人员保持独立性是环境审计的客观要求，也是环境审计有效实施的基础。②胜任能力假设：在执业时，审计人员应具备所必需的专业知识、技术、经验和职业道德，对所出具的审计结果和意见负责。在环境审计中，由于涉及产权的交易制度，所以相关人员要清楚产权交易的风险因素，避免审计失误。③环境产权关系明晰假设：指环境产权必须能够指定所有权人，从公有产权分离出来的权利必须能够自由交易，这样产权所有者实施的行为才是被允许的，才不会侵害其他所有权人的权益，如此才能对企业执行环境审计程序。

2. 环境审计的原则。关于环境审计的原则，由于实际情况的不确定性，只能简单地列举，环境审计应遵循透明性原则和外部影响内在化的原则。环境审计的透明性是指环境审计中的各项核算方法、程序以及假定和限制条件都应该以清楚、真实、通俗、易懂的方式被披露。环境审计的外部影响内在化是指把企业所造成的环境损失纳入企业的财务核算中，计入成本，使企业的社会成本能够得到真实反映，准确评估企业收益。

3. 环境审计的目标。审计目标是指通过相关的审计工作及活动能够达到期望的审计成果。一般来说，传统审计的目标是鉴证有关财务报表是否按照适用的会计准则和会计制度进行编制，是否在所有重大方面都公允地反映了被审计单位的财务状况、经营成果、现金流量。因此，作为传统审计的延伸，环境审计的目标部分延续了传统审计的基本目标，除了依然要对与环境产权相关的财务报告进行审计外，更重要的是要对环境产权情况进行审计，并要对企业周围的居民进行情况调查和访问，详细地了解企业排污的真实情况，并对直接损失进行评估，将其纳入企业财务核算中，以真实地反映社会整体成本与收益。

（三）环境审计的流程

环境审计的流程延续了传统审计的流程，包括环境审计的计划阶段、环境审计的实施阶段以及环境审计的报告阶段。

审计计划的制订是针对环境审计实施的需求，这些需求来源于审计机构或法律法规的要求，如确定审计方是否获得授权、明晰审计对象和目标以及构建审计框架等。

审计的实施，包括审计取证、数据分析和整理。审计取证是审计实施工作的关键环节，是形成审计结论的基础，审计人员应对被审计单位的环境产权取得相关情况及成本进行取证与评估，充分调用财务信息；同时也要对环境产权的利益相关者进行调查和访问，并核算成本收益的真实性。数据分析与整理，是指要对取证的信息进行综合评判，估计企业的社会成本是否与产权交易价格相符。

审计的报告，即编制审计报告，是审计人员根据相关的审计准则，在对被审计单位执行审计工作的基础上，对企业环境产权的取得、行使、交易情况，外部成本核算以及环保政策的落实、环保研发的投入、污染治理等具体工作的履行情况发表意见的书面报告，审计的报告阶段必须保证数据精准、事实清晰以及审计人员意见的独立性与专业性。

产权理论下的环境审计流程见图 1-2。

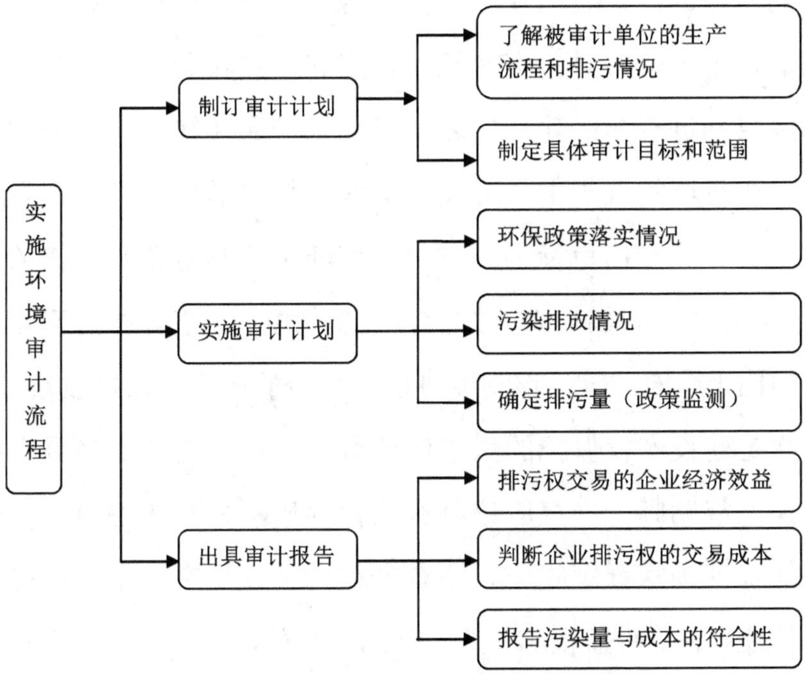

图 1-2　产权理论下的环境审计流程

五、基于产权理论外部途径构建环境审计理论框架

（一）完善产权保护法律制度基于——宏观角度

基于产权理论构建环境审计理论框架，除了涉及环境审计的内部因素外，还必须结合环境审计的外部因素，尤其是从产权角度看需要完善和健全的相关法律法规。

1. 完善产权制度的国家立法。

政府立法机构要不断完善产权制度，明晰产权界定。首先解决公有产权的部分权利私有化问题。公有产权具有非排他性（即任何人在行使公共资源的某项权利时，并不排斥他人对该资源行使相同的权利，如一个公有鱼塘，每一个人都可以无限制地捕鱼，理性人在追求自身利益最大化过程中最终导致鱼塘没有鱼，这个损失是由共同体的所有成员共同承担的，公有产权的非排他性会导致“公地悲剧”）。要避免悲剧的发生，就要对公有产权的使用和收益权利进行部分管制，然后对这些权利进行商品化，使之在市场上流通和转移，并限制管制行为发生。在鱼塘的例子中，可以对鱼塘的超量捕鱼权进行市场交易，这样就不会有过量捕鱼行为的发生，鱼塘仍然具有公有产权的性质。20 世纪 90 年代，我国引入“排污权交易制度”，开始推行环境产权私有化，相比于政府监管，该制度可以用更少的成本降低排放量。

其次是建设产权保护的法规使公有产权私有化的实施具有强制性以及确保产权明晰。产权应该具有法权性质，只有在法律上作出了规定，才能保证国家强制实施。公有产权为公众所有，审计难度很大，所有权与使用权、收益权等分离，分离出来的产权被认定为私有产权。而一旦产权界定明晰，审计的效率会提高，审计也可以拓展到其他领域。对于环境审计来讲，可以把企业对外部环境的影响计入企业成本，这有利于环保措施的创新和推动社会和谐发展。

公有产权的所有权和使用、收益权利的分离，是私有化的过程，这种从公有产权分离出的私有产权必须能够商品化，产权价格需能够真实、公允地反映社会总成本，那么产权要能够自由地流动和转移，就必须要建立相应的市场，使产权交易成为市场经济活动的一部分。所以国家立法机构要不断完善产权保护的法律法规，要确立公平、公正、公开的市场交易规则，要建立完善的产权分离、交易、评价体系，防范法律风险。

最后，明确规定政府部门的环境产权责任。政府是公有产权的代理人，如自然资源的产权应该归属于社会大众，政府代为行使权利，但很多时候，由于地方政府政绩考核和GDP经济指数的核算，政府的行为不理性，甚至以破坏环境为代价发展经济，损害公有产权。所以应该把环境污染指标纳入政府部门政绩考核范畴，与经济指标一起评估，以真实反映政府是否履行了环境保护的责任。

2. 环境审计基本制度和准则的出台。

审计署应出台有关环境审计的基本制度或准则，指导环境部门和第三方独立审计机构实施企业环境审计。传统审计的基本制度或准则是基于对受托经济责任进行审计而出台的指导，仅仅体现了审计外线的职能。基于产权理论的环境审计的本质——环境产权保护有一定的特殊性，环境产权的可计量性使得环境保护成为可以用会计确定和计量的经济活动，而传统的审计基本制度和准则没有相关的具体计量标准，不能指导环境审计的具体实施以及环境产权的评估。同时，审计署应该加大审计执行力度，提高环境审计在保护环境和企业环境管理中所起到的作用，明确环境审计在微观企业审计中的核心地位。

（二）提升公众产权意识——基于微观角度

现代社会是一个法制的社会，宪法规定每一个公民的权利和义务是对等的，在我国，大部分人的维权意识比较淡薄，不会应用法律的武器保护自己。环境产权是居民的公有产权，一旦环境遭到企业行为或地方政府行为的破坏，第三方的独立机构应该接受居民的委托，实施环境审计调查，环境损害事实存在的，应予以罚款并强制要求企业或地方政府承担损失。所以首先应大力宣传法律知识，提高公众的维权意识，让公众对企业的环境污染情况投以重视，认识到每一个人都有享受无污染环境的权利，且任何人不可剥夺该项权利。

要提高公众的产权意识，单单依靠知识的传播和第三方机构的协助是不够的，公众必须树立环保意识。目前，我国公众的环保意识尚处于较低水平，面对严峻的环保形势，公众要存在危机感，进一步提高环保意识；对于污染、破坏环境的行为，政府应予以适当的经济处罚。只有这样，才能使公众知道什么可以做，什么不可以做，以实现环保意识真正、持久地深入人心。

同时，政府及民间公益组织要大力传播产权知识，阐述环境产权保护的意义和对子孙后代的使命，公众清楚认识到环境保护的重要性，才会拿起法律武器保护环境产权，也只有这样，才能促进环境审计的大力发展。同时通过环境审计行为的约束，企业能够做到积极减排和治污、研发环保技术，实现环境产权保护的最终目的。

（三）培养与引进环境审计人才——基于人才角度

微观企业的环境审计工作是由第三方独立审计机构——注册会计师所开展的，所以审计人员的专业性水平以及知识储备，影响着审计结果的产生，决定了产权理论下的环境审计本质的实现——环境产权保护。环境审计工作的开展涉及环境经济学、环境法学、环境管理学、社会学、统计学、工程学等方面的知识。知识的复杂性和多样性加大了环境审计工作的难度，对审计人员的能力提出了更高的要求。我国现有审计人员的专业主要涵盖财务会计或经济学、审计学方面，而环境审计对人才提出了更强的专业性和技术性要求。所以，为了实现基于环境产权保护的环境审计本质，国家应加强对审计人员的全面素质培养，引进熟悉产权、产权交易制度和环境保护的专业性人才，为未来实施环境审计工作奠定基础，扩充审计人才库。

六、产权理论下环境审计理论框架的应用——基于排污权交易制度

（一）排污权交易制度

排污权交易最早是由美国经济学家戴尔斯于 1968 年提出。美国联邦环境局（EPA）为解决环境保护与环境发展之间的矛盾，提出了排污权交易的设想；引入并围绕“排放减少信用”，从 1977 年开始制定相关政策法规，允许不同工厂之间转让和交易排污削减量，这为企业针对如何进行费用最小的污染削减提供了新的选择。而后德国、英国、澳大利亚等国家相继进行了排污权交易的实践。

1. 大气污染的传统治理办法。据国家环保总局 2004 年的统计，酸雨给我国造成的损失每年超过 1100 亿元，我国大气污染每年造成的损失相当于每年 GDP 的 2% ～ 3%。长期以来，中国大气污染治理建立在单一“浓度控制”的基础上，但是，单一的“浓度标准”控制排污模式阻止不了污染源数量和排放总量的增加，因为企业会用各种“巧妙办法”让其排放“达标”，而企业排放污染“不超标”，环保部门就没有办法监督企业治理污染。另据调查，管理部门也没有完全将超标排放污染物作为一种违法行为来处理。以企业排放二氧化硫为例，《中华人民共和国大气污染防治法》要求超标排放企业缴纳罚款，企业每排放 1 千克二氧化硫，有关管理部门收取 0.2 元的排污费，而企业减排 1 千克二氧化硫的支出则远远超过 0.2 元，因此企业宁愿交排污费也不愿积极治污，而监督和处罚违法者让政府承担了很大的成本。在美国环保协会的协作下，我国开始探索排污权交易制度。

2. 我国排污权交易制度简介。我国排污权交易制度发展历程：最早是 1988 年开始的排污许可证制度试点；1993 年，探索并实施大气排

污权交易政策；1999 年，中美在中国试点开展“运用市场机制减少二氧化硫排放研究”合作项目；2001 年，江苏南通进行了我国第一例二氧化碳排污权交易；2002 年，国家环保总局实施并推广二氧化硫排污权交易；2004 年，江苏南通交易了中国首例水污染物排放权。

排污权交易制度是以市场为基础的新型环境经济政策，能够有效地控制环境污染，起到了节省治理费用、保护环境制度的作用。但是，由于排污权交易在我国实施不久，还存在许多亟待解决的问题。以河南省二氧化硫排放权交易制度为例，环保部门按照国家二氧化硫排放总量控制目标，确定地区环境容量允许范围内的排放总量，对现在排污单位一次性无偿分配某个时期的二氧化硫年排放量总量控制指标，并以排放许可证的形式发放到企业，无证企业不能排污。分配给排污单位的指标可以交易，剩余指标可以储存，储存指标长期有效，指标用完的企业必须停止排放，否则将受到极为严厉的处罚。为了保证许可证制度的实施，河南省还利用在线自动监测网（CEMS 系统）技术全天候不断地监测、记录企业的二氧化硫排放情况，并向环保部门传送相关数据。在排污权交易制度下，排污权的交易价格由市场双方按照二氧化硫的削减成本和市场供求情况自行确定，达成交易意向后还需经当地环保部门批准才能生效。

（二）排污权交易制度下的环境审计本质分析

基于受托责任对企业进行环境审计，存在一定的弊端。环境产权是公有产权，企业占用环境资源所形成的生产经营行为，没有委托和受托的经济关系，并且环境产权也没有市场交易机制，因此基于受托责任的环境审计不能推广到其他非国有微型企业。

1. 产权理论下的环境审计可行性。在市场机制下，政府过强的干预行为只会导致社会总福利的下降，不会使社会进步，环境保护不仅仅依靠政府。排污权交易的成功，说明基于产权理论的环境审计是可行的。环境污染的负外部性，依靠政府的排放限制无法消除，企业依然选择实施污染行为。市场机制的调节结果和政府的惩罚行为截然相反，在产权理论下，产权界定明晰可以更好地完善定价，有利于实现资源的自由流动，推动技术进步，抓住污染源头，减少甚至防止污染的产生。因此，在社会主市场经济条件下，法律保证的明晰产权才是经济交往活动的前提，只有明晰产权才能在追求经济效益的同时兼顾环境效益。对环境产权使用和收益进行私有化产权界定，并使产权能够自由流动和转移，使产权作为商品流通，会使环境产程的交易和转移成为企业可计量的经济活动，这可以有效地把环境污染的成本计入生产成本中，有效私有化了公有环境产权，产权界定明晰，才能更好地减少滥用现象，环境产权的价值才能得到体现。

2. 排污权交易制度中的环境审计本质。随着社会经济的不断发展，生产资料逐渐丰富，所有者的知识和精力不足以应付变幻的形势，因而需要聘请专业管理者来经营，所有权和经营权分离，独立的第三方审计应迹而生。从表面上看，审计监督和检查职能是源于对委托和受托经营责任的保证执行，但究其根本，审计监察受托责任是为了保护所有权人的利益，即保护私有产权不受侵害。但随着社会经济活动越来越复杂，产权的划分和界定也越来越复杂，人们逐渐意识到不能仅仅追求经济效益而忽视环境问题的影响，传统审计局限于受托责任的私有产权保护，环境资源的所有权属于公有产权，狭隘的基于受托责任的审计不能实现环境审计的本质。因此，实现公有产权保护还得依靠产权理论对环境审计的推动和创新。

基于产权理论，产权可以界定明晰，并且产权的占有、使用、收益和处分是可以脱离产权而转让的，所以，环境产权可以部分私有化，这部分私有化的产权可以在市场上被转让和交易，环境产权的交易活动可以被准确计量。私有化环境产权，使得环境审计可以实施，企业环境审计能够有效监督和鉴证企业排污权取得和交易活动的合法性、合理性和公允性，并与企业实际排放情况进行对比分析，相关数据的取得可以依靠政府的在线自动监测网（CEMS 系统）。那么，这种排污权交易是如何实现减排和治理的作用呢？

排污权成为一种商品，将使各企业相互竞争，积极寻求有效的方法减低排放，以争取少买或出售排污许可证，降低企业成本或者获得额外的收益，结果是地区的排放量总体下降。在排污权交易制度建立以后，在环境恶化的时候，企业也可以通过回购排放权进行宏观调控，使整个地区的排放量降低，减轻环境负担。环境审计的本质，是在产权制度下，保护环境产权，治理污染源头。

所以，基于产权理论的环境审计本质的实现，有赖于环境产权部分权利的私有化界定，这种私有化产权界定明确了责任制度，明确了私有化产权的不可侵犯，企业的随意排污行为是不被法律所允许的，企业要排污就得有排污权。当然，要是全面实现排污权交易的市场化，依然存在很多方面的问题，我国的产权制度不够完善，制度建立起步也比较晚，缺乏有效的指导方针；并且公众的产权意识比较薄弱，“产权”的概念没有深入人心，很难保证排污权交易的合规、合法实施，这些漏洞和不足也都将限制环境审计的有效实施，导致不能实现环境审计本质，企业污染问题得不到解决。

（三）排污权交易制度下的环境审计实施过程

排污权不是指环境资源的所有权，环境资源产权的所有者依然是社会公众，产权理论给公有产权的界定明晰提供了理论依据。排污权是对某一种环境资源的特定使用权，这种环境使用权的私有化，使抽象的公有环境产权变为具体的、可以计量和报告的私有产权。对于环境审计实施过程和结果而言，它不仅明确了更加具体的审计对象，而且使得环境审计对企业的约束性和技术创新激励更加有效，为工业企业污染问题提供了一个很好的解决方案。那么，在微观企业中如何实施环境审计，实现环境审计目标呢？

首先，在环境审计的计划阶段，环境使用权的私有化扩大了环境审计对象的范围。在产权理论下的环境审计，环境审计对象不仅仅局限于政府审计下的国有企业，更应该扩展到那些生产技术落后、环境污染性大的非国有企业。同时环境审计的内容有了进一步的拓展，从原来对环保政策执行和环保资金运用的审计逐步延伸到对环境产权交易活动的鉴证、评价和监督，从而更加关注环境审计的实际效果和经济效益，而环保机构应该时刻检测环境污染的总体情况。当然，在实行环境审计之前，环境审计机构首先要对被审计单位的生产工艺及排污情况有一个基本的了解，所以需要审计人员拥有综合性的经济学、统计学和工程学专业知识，这样才能判定企业的产权活动（排污权交易）是否符合企业的实际情况。

其次，在环境审计的实施阶段，排放权交易制度显示了环境产权可以用会计方法进行计量。这些记录信息就是审计的对象及证据的来源，用以衡量企业对环境资源的使用是否合规、企业产品成本的计量是否合理地考虑了环境污染的影响。同时，环境审计人员应对排放量交易中涉及的经济业务进行核查，对于环境产权的合理取得、使用、公务员交易进行监督，并客观地反映企业污染的实际情况。环境审计实施阶段的成果，奠定了审计报告的合理性、效率性，但由于排污权交易是市场机制下的经济活动，我国的排污权交易制度也不是很完善，存在监管风险和交易风险等，所以审计人员应重点关注排污权交易活动，保证环境审计有效实施。

最后，在产权理论下的环境审计的实施过程中，虽然环境产权界定及交易活动的复杂性强，但只要产权人界一定的明晰，企业的产权活动就能够被准确计量，这不仅可以激励企业进行生产科技创新，而且有利于政府服务实施惩罚制度、环保机构落实环保政策，从而改善环境污染情况。产权活动的会计计量，会准确地把环境污染的成本计入企业的生产成本，从利润表来看，能够以牺牲环境为代价的企业的利润进行抵减，让污染者承担代价。在市场经济条件下，这种代价会随着人们对环境的重视而不断加大，甚至企业无力承担，从而可促使企业不断寻求新工艺减少污染。

综上所述，环境审计实施的基本流程大体上可以遵循传统的审计流程：审计计划阶段、审计实施阶段、审计报告阶段。环境审计实施的前期，要解决审计的目标、假设等重要问题；同时审计人员要充分了解国家的环保政策及相关产权制度和产权市场交易方面的知识，并要对所审计的单位的产品生产过程及排污情况作实地考察调研，以更好地实施环境审计，保护环境产权，激励企业积极主动地治理环境污染，实现了国家政策提倡的可持续发展。

第三节　构建低碳经济背景下环境审计理论框架

一、构建低碳经济背景下环境审计理论框架的思路

（一）构建环境审计理论框架的思路

低碳经济背景下的环境审计与一般的环境审计有相同之处，它包含一般环境审计的构成要素，但是又与一般环境审计有所不同，在特定的经济环境背景下其各个要素的主要内容和侧重点会不尽相同。因此，首先需对环境审计理论框架的构建原则和构建步骤进行分析。

1. 构建环境审计理论框架的原则。

环境审计涉及的要素有很多，如环境审计的委托人、环境审计的准则、环境审计的主体、环境审计的对象和内容、环境审计的程序和方法、环境审计的目标和环境审计的本质等。环境审计理论框架作为环境审计理论结构、环境审计理论的骨架，具有指导和预测环境审计理论发展和完善的作用，也具有指导环境审计实践向着更加理性化、系统化方向发展的作用。环境审计理论框架既然如此重要，并且要具有以上两个方面的作用，那么环境审计框架应该：①简洁实用、精练概括：环境审计的整个框架要给人一种简洁明了的感觉，可以让人一目了然，环境审计框架中的要素必须用简洁的词语短句概括出来，使人能理解其中的内容；②内容完整、结构清晰：环境审计的框架作为环境审计理论的基础，必须涵盖整个环境审计的内容，但它不能是这些内容的简单堆积，而是要把这个框架具有的结构清晰地呈现出来；③关系明确、具有科学性：每个元素之间有它们的关系，每一个层次之间也有它们的关系，环境审计的理论框架要求能反映各要素之间的

关系，使这些要素的排列呈现规律性、科学性，而不是杂乱无章的；④联系实际、具有前瞻性：环境审计理论框架应该与时俱进，符合实际发展需要，同时它还要具有理论高度，具有指导实践的作用。

2. 构建环境审计理论框架的步骤。

要构建好环境审计的框架，首先应该确定理论框架的构成要素。拟构建的是低碳经济背景下的环境审计框架，但是这些要素必须要具有普遍性，即无论是在低碳经济这个背景下还是在其他的背景下，这些要素都要能很好地被运用在这些背景下的环境审计当中；为了能更好地反映环境审计理论框架的全面性，这些要素要尽可能地囊括环境审计系统中所有的基本要素；为了使环境审计理论框架简洁清晰，有些要素不一定要出现在这个框架中，但一定要可以根据其他的要素推导出来；环境审计框架是环境审计理论的基础，也是环境审计实践的本质概括。因此，环境审计理论框架中的要素联合起来作为一个整体，一定要有理论高度和实践指导意义。

其次是对这些要素进行分类，把环境审计理论框架中的理论要素和实务要素，并分别找出这两类要素的逻辑起点。进行分类的目的是为了清楚地反映理论要素和实务要素之间的关系以及它们的内部关系，最终呈现一个清晰的有层次结构的环境审计框架图。找出环境审计各类要素的逻辑起点的目的是能更快地厘清各要素之间的关系。

最后是构建框架。依据框架中各要素之间的关系分别画出关系图，并且确定两类要素之间的关系。另外，还要对环境审计各要素之间的关系进行解释说明，对框架图中每个要素进行详细介绍，这有助于真正理解环境审计的框架。

二、环境审计理论框架的构成要素

环境审计的依据可以是环境审计的原则，也可以是环境审计的准则。环境审计依据的范围较原则、准则和法律法规来说更广，而环境审计假设是可以被包含在环境审计的准则、法律法规中的。可以说，环境审计假设、法律法规是环境审计依据的具体表现。因此，环境审计框架的要素包含依据，而其他的内容不作为要素也被包括在框架中。有些论文指出环境审计的理论框架包括环境审计内容，环境审计内容包括合规性审计、财务审计、绩效审计，合规性审计指的是对是否遵循相关环境法律法规、是否设置内部控制和环保措施的实施效果进行审计；财务审计指的是通过审查企业的财务报表来判断企业环境审计资金筹集和使用的状况以及环境保护项目的效果等。委托人指的是社会公众、环保组织等这些委托国家等相关机构、组织做好环境保护、审计的这一类人。环境审计的要素有本质概念、目标、依据、主体、对象、程序和方法。环境审计的目标是环境审计的最终目的，也是进行环境审计的原因；主体是进行这项活动的人或组织机构；程序和方法是环境审计具体实施过程中要履行的程序和运用的方法；客体就是环境审计的对象；概念与环境审计的定义类似，环境本质是环境审计的固定属性。

三、环境审计理论框架构成要素分类

为了清楚地说明理论框架中各个要素的关系，在此将环境审计要素分为理论要素和实务要素。环境审计理论框架中的实务要素指的是可以在实践的过程中找到相对应的具体事物的那些要素，而环境审计理论框架中的理论要素是指在实践的过程中找不到相对应事物的要素，但它们可以在实践中得到反映，也是从实践活动中概括总结出来的。环境审计目标对应到实务中有相关的法律条文；环境审计主体对应到实务中有政府机关、注册会计师等；环境审计对象对应到实务中有某项经济事项或某些资料；环境审计程序和方法对应于实务是具体的操作流程和具体使用的方法；而剩下的要素则没有对应的事物。

环境审计的逻辑起点必须具备以下特征：①是环境审计理论框架的构成要素；②能推导出其他要素。在环境审计框架理论要素中，只有本质可以作为逻辑起点，因为本质是固定属性，是对环境审计特征抽象的概括，它无法被其他要素决定，在理论框架中起着导向的作用。在环境审计框架的实务要素中，环境审计的目标是逻辑起点，因为它可以反映外部审计环境的变化，又可以推导出其他的要素。

四、环境审计理论框架构成要素的具体分析

（一）本质

环境审计的本质是环境审计内部固定的属性，不以人的意志为转移，但是我们对环境审计本质的认识会随着外部环境的变化而有所改变，越来越接近真实的环境审计本质。目前国内对环境审计本质的认识有：环境审计的本质是对环境管理责任所进行的鉴证和评价；节能减排的环境审计本质是为维护国家环境安全而作的一种制度安排，是落实可持续发展战略的具体措施，是实现节能减排的一种治理工具。环境审计的本质问的是“环境审计究竟是什么”，这是环境审计内在的固定属性，因此低碳经济背景下的环境审计就是环境审计的本质—对受托经济责任的监督和评价。

（二）概念

目前对于环境审计的概念有很多，如张以宽把环境审计定义为由审计机构或人员依法对被审计客体从事环境管理、监控以及与投资项目相关的资产、负债、费用、收益的真实性、合法性、效益性以及责任业绩优劣进行审查、监控、鉴证的活动[1]。由于环境污染、温室效应会给人类造成重大影响，低碳是人类发展的必走之路。低碳指的是低能耗、低污染、低排放。在低碳经济这个背景下，环境审计的概念应该是审计机构或审计人员依据相关低碳经济法律法规对被审计单位中的环境问题，主要针对温室气体排量以及与治理环境有关的经济活动的真实性、合法性、效益性和责任性进行审查、评价和报告的活动。

（三）目标

目标有最终目标和具体目标之分，最终目标确定了环境审计总的发展方向，使环境审计在历史的发展过程中不至于偏离了总航线，而具体目标是环境审计在每个审计项目中要达成的目标。由于环境审计最终目标不容易实现，并且太笼统，需要为每个审计项目、审计阶段、审计过程确定具体目标，这可以使得环境审计实践过程中目标明确，有助于更好地进行环境审计，并通过不断地实现具体目标来实现环境审计的最终目标。

低碳经济背景下环境审计的最终目标是通过形成“三低”的经济模式，控制温室气体对气候的影响，实现人类的可持续发展。低碳经济背景下的环境审计具体目标可以被概括为以下几点：①审查低碳经济法律法规的执行情况，相关的经济活动是否遵循了这些法律法规，同时指出低碳经济法律法规不合理和不完善的地方；②检验被审计单

[1] 张以宽．论可持续发展战略与中国环境审计制 [J]. 审计研究 ,2003(1):3-7.

位与节能减排资金相关的经济活动和经济事项的合理性、完整性和准确性，包括环保资金的来源、使用和相关事项的披露；③审查被审计单位节能减排活动的绩效性，是否经济，是否高效；④评价被审计单位环境管理系统的实施效果，是否有效，是否充分。

（四）依据

环境审计的依据是环境审计工作的准则，起着规范和引导作用。在以前，我国有关环境审计的法律法规主要是与保护环境相关的法律，但在国家越来越重视发展低碳经济、控制温室气体排放的今天，《中华人民共和国大气污染防治法》《中国应对气候变化国家方案》《能源中长期专项规划（2004～2020）》《国务院关于加强节能工作的决定》等与低碳经济相关的法律法规开始作为环境审计的依据。虽然目前与低碳经济、节能减排相关的法律政策越来越多，但是针对环境审计的专门法律法规还很少，且分散在相关环保法律中。低碳要求中国在今后推出一套完整的环境审计方面的规章制度，以促进我国环境审计和低碳经济的发展。

（五）主体

主体有委托人和受托人两种。委托人包括社会公众、被审计单位资产所有者和管理者。社会公众为了保护自己生存的环境委托政府机关做好环境保护的工作，被审计单位资产所有者和管理者因与国家政府签署有生态环境改善责任书而委托自己单位内部审计部门或注册会计师做好环境审计工作。环境审计的受托人有国家审计机关、民间审计机构和内部审计，从世界范围来看，环境审计的受托人主要是国家审计机关。目前我国环境审计的工作一般是环保部门和内部审计部门担任，而没有专门的环境审计部门，环境审计主体专业性不强、环保意识薄弱。低碳经济要求国家重视环境审计，制定相关法律，加强企业内部审计和注册会计师审计，增强环境审计的专业性。

（六）对象

环境审计对象指的是环境审计“对什么进行审计”。环境审计的本质是对受托环境责任的监督和评价，因此环境审计的本质对象是受托环境责任。低碳背景下环境审计的具体对象可以从这三个方面来说：①国家低碳审计政策的执行情况：国家政策规定的碳排放相关指标、环保设施的建设情况和低碳产品的认证情况等；②与节能减排相关资金的来源与使用情况：财务报表、原始凭证和账簿等；③实施低碳策略的经济性和效果性：环境保护系统、与节能减排相关的投入与成果等。

（七）程序和方法

环境审计程序指的是进行环境审计应有的步骤，低碳环境审计的步骤和环境审计的步骤以及审计的步骤一样，包括事前准备阶段、实施审计阶段、审计报告阶段以及后续审计阶段；但是内容不一样。事前准备阶段，确定以节能减排为主的环境审计评价指标和计算方法；实施审计阶段，收集相关碳排放的依据、计算审计评价指标，并通过问卷调查法、实地调查法等核实数据的真实性；审计报告阶段，总结被审计单位的审计信息，形成审计结论，提出审计建议，编写审计报告；后续审计阶段，审计提出的意见是否被采用，对审计报告中指出的重大问题是否有所改进以及改进后的效果如何，再出具有后续审计报告。

环境审计方法指的是搜集环境审计证据的措施和技术，目前提出的环境审计方法有很多，如环境成本效益分析法、环境成本效果分析法、环境决策分析和风险分析法等。低碳经济强调的是低能耗、低排放、低污染，因此低碳经济背景下环境审计的方法偏向于对能耗、二氧化碳的排放量和污染排放量的监测。通过直接观察这些监测数据对被审计单位做出审计评价有一定的困难，因此可通过使用一些指标来监测和评价。本章引入一些指标，并将其运用于环境审计实施操作阶段。例如，是否遵守法律法规、是否采用清洁能源、是否注重技术创新、能源消耗量、碳排放量、能源消耗率、污染物排放达标率、低碳项目收益率和环境费用收益率等，具体的评价指标视不同企业而定。二氧化碳的排放量可从固定燃烧源的角度计算，运用 $CO_2=\sum K\times E$ 模型计算（K 表示碳排放系数，E 表示能源类型）。

五、环境审计理论框架构成要素的关系结构

（一）理论要素之间的关系

环境审计的本质是环境审计内部固有的属性，是最基础的东西，是不会随外部环境变化而变化的；但是人类对环境审计本质的认识是有限的，需要通过对环境审计概念和实务的认识来逐步修正对环境审计的认识。环境审计的本质决定和影响着环境审计的概念。人类对环境审计本质的理解受到环境审计概念的影响。

（二）实务要素之间的关系

环境审计目标随外部审计环境变化而变化，它可以联系环境审计实务和环境审计并影响整个环境审计实务的发展，因此，环境审计目标是环境审计实务要素中最重要的要素。为了实现环境审计的目标并进行环境审计首先要确定环境审计依据，再根据环境审计依据由环境审计主体使用一定的程序和方法作用于环境审计对象，最后产生了环境审计报告，环境审计报告又反映着审计环境的变化，环境审计的变化会影响环境目标，如此形成一个循环。其中两个因素 —— 审计环境

和审计报告，不是环境审计的要素，但是把它们引入环境审计实务中与环境审计实务要素一起构成环境审计实务要素内部的一个循环，清楚地展现了环境审计实务要素之间外在联系以及内在联系。

（三）理论要素和实务要素的关系

环境审计理论对环境审计实务有向导性作用，环境审计本质决定着环境审计的实务，环境审计的实务反映了环境审计的本质；环境审计概念对环境审计实务起着指导作用，通过比较实务要素与环境审计概念的区别纠正环境审计实践过程中出现的差错。环境审计的实务影响环境审计理论，环境审计理论在环境审计的实务操作中逐渐得到提升和完善。总之，环境审计理论对环境审计实务起着向导的作用，同时环境审计理论也会受到环境审计实务的影响。

第四节　构建低碳经济背景下环境审计评价框架

一、构建低碳经济背景下环境审计评价框架的思路

构建低碳经济背景下环境审计评价框架过程中，对构建原则和构建步骤要进行具体分析。

（一）构建环境审计评价框架的原则

第一，可操作性原则。可操作性原则要求低碳环境审计的评价框架必须方便、实用，审计人员在实践操作过程中可以有效运用。它首先要求评价框架中的信息易于被审计人员获得，其次要求整个评价框

架中的信息可以对该项事项进行全面有效的评价。第二，成本效益原则。成本效益原则要求评价框架中的信息获得成本不得超过该信息带来的效益，若某个信息的获得需要审计人员付出大量的人力和物力，而且该信息对评价该经济事项意义不是很大或可以由其他信息代替，那这样的信息不应该被包括在环境审计评价框架中。第三，定性定量相结合原则。低碳环境审计目标涉及的内容很多、范围很广，因此需要将定性和定量的指标结合起来进行审计评价。第四，全面性原则。评价框架中的指标所覆盖的范围应全面，不仅要准确对该经济事项进行评价，而且要能反映国家的政策导向。审计人员在对某一事项进行环境审计时应从全局考虑，不能单单看某一评价指标或用少数指标来作评价，而是要基于整体情况来分析。

（二）构建环境审计评价框架的步骤

环境审计涉及的范围很广，一次环境审计的对象可以是某一单独事项，也可以是某个企业整个年度的事项，还可以是政府单位某个年度的事项。因此，构建环境审计评价框架的第一个步骤就是确定本次审计对象的所属行业以及该行业的总体情况和特殊性等。构建环境审计评价框架的第二步是明确此次审计的目的，确定评价框架的一级指标。在充分了解对象的基本情况后，就要根据环境审计的目的确定评价框架的一级指标。一级指标把对象的评价分成几个大块，并基于这几个大块分别对对象进行评价。确定了一级指标后再确定下面的指标：二级指标是对一级指标的细分，三级指标是在一级、二级指标的基础上作的更加具体的细分。具体还要根据对象的具体情况确定指标，如果审计事项较简单可以只用一级指标，如果审计事项比较复杂可以设置一级、二级、三级甚至四级指标。

二、构建环境审计评价框架的步骤

环境审计其实是对某项经济活动给环境造成的影响进行评价的过程。构建此评价框架有利于审计人员在低碳经济背景下更好地把握环境审计的目标，使环境审计更加全面化、系统化。

（一）了解审计对象所属行业

不同行业的环境影响不同，以钢铁行业为例，钢铁行业是一个能耗很高并且最容易造成污染的一个行业。钢铁行业是资源密集型行业，它主要生产各种粉末状、块状的黑金属以及非金属矿物。钢铁行业一般生产规模大、加工复杂，业务包括采矿、炼金和金属加工等。在冶炼各种物质时消耗的资源和能源很多，而且如果资源能源利用不到位不但会造成资源浪费，并且会产生污染。钢铁行业产生的废气有：①生产过程中排出来的废气，如果烧结、冶炼过程中产生的烟尘，二氧化硫等；②煤燃料燃烧时产生的烟气；③运输中产生的粉尘。

（二）明确目标

低碳经济背景下环境审计的最终目标是通过形成“三低”的经济模式，控制温室气体对气候的影响，实现人类的可持续发展。根据这个低碳经济背景下环境审计的目标和对钢铁行业的分析，笔者认为对钢铁行业进行评价的一级指标可以是：①资源和能源利用情况；②污染物控制情况；③环境成本效益；④环保财务收支情况；⑤环境政策执行情况；⑥长期发展的能力。

三、环境审计评价框架的指标确定

本节主要采用文献查阅法、理论分析法、频度统计法等进行指标筛选和优化，再进行相关分析，最后确定评价指标，构建评价框架。

低碳经济背景下环境审计的评价指标应该以评价是否实现“三低”为目标，同时也要评价该经济事项的效益性、合法性和可持续性。本节从钢铁企业的视角出发构建低碳环境审计评价框架。整个评价框架由一级、二级、三级指标构成，具体评价指标结构如表 1-4 所示。

表 1-4　低碳经济背景下环境审计的评价指标

一级指标	二级指标	三级指标
资源和能源利用情况	主要资源消耗情况 资源利用情况 次生资源产量 次生资源利用情况	资源年消耗量 余能回收总量 单位产值（产品）水耗或综合能耗 此生资源年产量 次生资源综合利用率
污染物控制情况	污染物排放量	温室气体年排放量 固废年排放量 液体污染物年排放量 单位产值（产品）污染物排放量
环境成本效益	总投入 环境保护产生的经济效益 环境保护成本效益率	环保设备的成本收益率 节能减排的成本收益率 “三废”重复利用的成本效益率
环保财务收支情况	环保资金投入量情况 环保资金使用情况	低碳项目资金到位率 环保项目资金足额提取率 环保资金专款专用率 环境补偿费用的支付率
环境政策执行情况	遵守相关环境法规情况 奖励和处罚情况	是否遵守环境法规 是否获得环保奖项 是否发生环境纠纷
长期发展能力	环境管理系统情况 环境设施筹备情况 工作素质及培训情况	环境管理部门的构建情况 环境监测制度构建情况 环境保护制度有效性 处理环境事故的能力 环境设施投资额 投资开发环保技术金额

四、环境审计评价框架的构成要素

（一）资源和能源利用情况评价

对资源和能源的利用情况进行评价主要从低碳经济目标中的“低

能耗，高效能”角度考虑，分析企业是否合理有效地利用了资源，在能源使用方面是否实现了低能耗，使用的能源是不是低碳可循环利用的。它可以从主要资源消耗情况、资源使用情况、次生资源产量、次生资源使用情况四个方面展开。主要指标有资源年消耗量、余能回收总量、单位产值综合能耗 / 单位产品综合能耗、单位产值水耗 / 单位产品水耗、次生资源年产量，次生资源综合利用率、次生资源返生产利用率。

（二）污染物控制情况评价

对污染物控制情况的评价应基于三种污染物的排放量进行判断，把企业的这些指标与国家标准值、行业平均值、企业以前年度相同的指标进行对比，之后再综合评价。具体指标包括：温室气体年排放量、固废物年排放量、液体污染物年排放量、单位产值污染物排放量 / 单位产品污染物排放量。“三废”排放量可以采用直接测量法，也可以采用物料均衡法和排污系数法进行测量。

（三）环境成本效益评价

环境成本效益指的是为保护环境所采取的措施带来的效益与成本的关系。对环境成本效益的评价有以下三个指标：环保设备的成本收益率、节能减排的成本效益率、“三废”重复利用的成本效益率。

（四）环保财务收支情况评价

环保财务收支情况指的是国家规定的该行业企业应该列支的环保金额、环保等相关部门收取的环保费和企业提取的环境治理费用等是否足额提取、征收到位，是否有按规定对其专项专用等。具体指标有：低碳项目资金到位率、环保项目资金足额提取率、环保资金专款专用率、环境补偿费用的支付率。

（五）环境政策执行情况评价

环境政策执行情况评价指的是对企业在生产经营过程中遵守和执行国家有关法律的执行情况进行评价。具体的评价指标有：企业是否遵循国家相关环境法、获得相关环保奖项的情况、发生环境纠纷的情况、产品符合环境政策标准规范的情况和环境会计的执行情况。

（六）长期发展能力评价

长期发展能力评价可从两个方面来看：一是企业内部环境管理系统评价；二是硬件设备评价。企业内部环境管理系统评价主要是对内部环境管理控制的完善和合理程度进行评价，具体指标有：环境管理部门的构建情况、环境监测制度构建情况、环境保护制度有效性、处理环境事故的能力。硬件设备评价的指标有：环境设施投资额和投资开发环保技术金额等。

五、案例分析——环境审计评价框架的应用

以衡钢集团为例。湖南衡阳钢管（集团）有限公司隶属于湖南华菱钢铁集团有限责任，系全球大型无缝钢管生产企业，中国第二大专业化无缝钢管生产企业，并且是现代化的钢铁企业。衡钢注重打造绿色产业，从源头到生产再到排放都力求控制污染物，做好环保工作。衡钢是通过 ISO14001 环境认证的公司，产区内的绿化率达到 41%。根据衡钢近几年的《可持续发展报告》《社会责任报告》《年度财务报表》《可持续发展评级报告》《产品环境声明》中的相关数据，运用环境审计评价框架对衡钢进行环境审计评价。

（一）资源和能源利用情况评价

表 1-5、表 1-6 和表 1-7 展示了近几年衡钢集团主要资源的消耗、利用情况及次生资源的利用情况。从表 1-6 中可以看出衡钢 2013 年余能回收总量较前几年都有大幅增长，是 2009 年的两倍多；近三年吨钢耗新水较 2009 年、2010 年有所下降，但是 2013 年与前两年比稍有上升；吨钢综合能耗近三年来有所下降。从表 1-7 中可以看出，衡钢集团 2009 ～ 2013 年对次生资源的利用实现了充分利用，次生资源综合利用率超过 96%，其中：约 23% 实现厂内生产利用，另外约 6% 用于社会利用，如用做水泥原料、混凝土、市政道路填充物等；危险废物全部安全处理。就说明衡钢这几年来的资源循环利用程度有所提高，能源改进措施有所成效。

表 1-5　2012 年和 2013 年衡钢集团主要资源能耗情况

资源类型	2012 年	2013 年
原水（亿立方米）	1.26	1.37
外购电（亿度）	81.40	89.56
天然气（亿立方米）	6.10	9.83
煤（万吨）	1 714.06	1 788.54
铁矿石成品矿（万吨）	3 172.98	3 195.73
废钢（万吨）	517.06	465.23

表 1-6　2009 ～ 2013 年衡钢集团主要资源利用情况

项目	2009 年	2010 年	2011 年	2012 年	2013 年
余能回收总量（% ）	139.00	154.00	201.00	239.5	281
吨钢耗新水（ 吨 ）	3.35	3.28	3.39	3.53	3.68
吨钢综合能耗（%）	103.00	102	102.00	101	101

表 1-7　2009 ～ 2013 年衡钢集团次生资源利用情况

项目	2009 年	2010 年	2011 年	2012 年	2013 年
综合利用率（%）	98.26	98.58	98.81	98.97	99.24
返生产利用率（%）	25.38	26.04	27.26	28.86	29.69
危险废物安全处置率（%）	100.00	100.00	100.00	100	100

（二）污染物控制情况评价

表 1-8　2013 年衡钢集团大气污染防控措施一览

污染物	防控措施
粉尘	采用高效的布袋除尘器和电除尘器减排有组织粉尘；采取道路洒水、防风网等措施有效控制无组织扬尘
SO_2	控制原燃料含硫率，在烧结厂和电厂安装烟气脱硫设施
NO_x	采用低氮燃烧技术
CO_2	采用先进节能措施减少燃料消耗

表 1-9　2009 ～ 2013 年宝钢集团污染物排放总量指标一览

项目	2009 年	2010 年	2011 年	2012 年	2013 年
SO_2（吨）	26583	18186	15099	12119	9319
烟粉尘（吨）	12417	12618	12306	11980	11644
COD（吨）	747	736	699	653	611
废水（万吨）	2287	2258	2339	2441	2566
氨氮（吨）	30	47	48	52	53
油（吨）	33	28	19	17	15

表 2-10　2009 ～ 2013 年衡钢集团污染物排放水平（吨钢）一览

项目	2009 年	2010 年	2011 年	2012 年	2013 年
SO_2（千克）	1.11	0.75	0.57	0.45	0.34
烟粉尘（千克）	0.52	0.52	0.46	0.43	0.39
COD（克）	31.00	30.00	26.00	23.00	22.00
废水（吨）	0.96	0.93	0.88	0.84	0.82
油（克）	1.38	1.13	1.00	0.98	0.95
厂区大气降尘量 [吨 /（平方公里•月）]	12.21	12.32	12.33	12.35	12.35

2013 年，衡钢集团通过技术创新和管理优化，全力推进大气污染

防控措施，在节能减排上获得一定的成绩。从表 2-9 中可以看出 2009-2013 年这五年衡钢集团 SO_2、粉烟尘、氨氮、废水、COD、油的年排放量总体呈递减趋势；从表 2-10 中可以看出吨钢生产产生的以上这些污染物的量也呈现逐年下降的趋势。可见，衡钢集团在这几年中在污染物控制上做出的努力得到的回报。《可持续发展报告》指出，目前衡钢从生命周期评价（LCA）理论和试算模型出发，进行了碳排放数据的试算，但它并未公布试算结果；另外，固体废弃物的排放量未在《可持续发展报告》中体现出来。

（三）环境成本效益评价

表 1-11　2012 年和 2013 年衡钢集团的环境保护成本

项 目	2012 年	2013 年	增加（%）
费用化成本（亿元）	54.04	54.42	49.82
基本化成本（亿元）	27.44	37.55	143.96
总成本（亿元）	81.83	101.44	60.76

表 1-12　2012 年和 2013 年衡钢集团实现的环境保护效益

项目	2012 年	2013 年	增减（%）
节约标注煤（万吨）	19.40	11.8	-21.97
减少的二氧化碳排放（万吨）	50.44	30.68	-21.97
减少的二氧化碳排放（吨）	4620.00	2760.00	-21.97
减少的氮氧化　物排放（吨）	1538.00	1358.00	-21.97

表 1-13　2012 年和 2013 年衡钢集团的环境保护成本效益

项目	2012 年	2013 年	增减（%）
节约标注煤（吨 / 亿元）	2804.65	1444.11	-51.49
减少的二氧化碳排放（吨 / 亿元）	6087.23	3132.77	-51.49
减少的二氧化碳排放(万吨 / 亿元)	56.19	28.93	-51.49
减少的氮氧化物排放(万吨 / 亿元)	16.39	8.44	-51.49

分析表 1-11、表 1-12 和表 1-13 中数据，可以发现衡钢 2013 年

的环境保护成本远远大于2012年的环境保护成本，而且2013年费用化成本占到了总成本的70.29%，这可能是由衡钢近几年大量投入脱硫设施造成的。在环境保护成本增加的同时，环境保护的效益在2013年却没有提高反而降低，降低比例为21.97%，从而使得环境保护的成本效益大大降低，降幅为51.49%。

（四）环境财务收支情况评价

国外发达国家设置的企业排污标准非常严格，对于排污严重的钢铁企业来说环保投资是巨额的。表1-14比较了衡钢集团的环保投入资金与按国外标准应该投入的环保资金，可以发现衡钢集团作为我国领先绿色型钢铁企业，它的环境保护资金投入还是远远低于国外发达国家的标准。

表1-14 2011-2012年衡钢集团环保资金投入与国外发达国家水平的差异

项目	2011年	2012年	2013年
环保总投入（1）（亿元）	40.47	36.91	59.38
本年总投资（2）（亿元）	1413.00	1849.00	2135.00
本年总投资的15%（3）（亿元）	211.95	277.35	320.25
差异：（1）-（3）（亿元）	-171.48	-240.44	-260.87

（五）环境政策执行情况评价

对于衡钢集团来说，遵循国家环境政策是其最低要求。在环境保护方面，衡钢集团形成了从采购到销售的绿色产业链结构，在国内同行业中成为绿色产业的驱动者，也为其他行业有很好的示范作用。表1-15反映出衡钢集团遵循国家环境法律法规，制定了环境管理方针，设置了管理体系，做好了基本的节能减排工作，并且公开了环境管理指标。2013年衡钢集团获得了很多奖项，但是同时也出现了旗下公司因SO_2浓度超标而被罚的事件。

表 1-15　截至 2013 年衡钢集团的环境政策执行情况

具体指标	是 / 否	备注
是否遵循环境法规	是	
是否制定环境管理方针	是	方针内容与 2010 年一样
是否设置环境管理体系	是	通过 ISO14001 环境管理体系的认定
是否设置能源管理体系	是	通过国家能源管理体系的认定
供应商是否进行环境管理体系认证	是	认证率达 9%
产品是否符合环境政策标准规范	是	以钢铁产品的“三个替代”（钢种替代、用途替代、材料替代）来知道环境友好型产品的策划、研发和推广工作
是否进行产品全生命周期评价	是	2013 年建成重点产品与制造过程的全生命周期评价数据平台以及评价方法体系；LAC 数据库已完成 95 类钢铁产品、14 类能源产品累计 5 年的 LAC 结果
是否设置环保部门和人员	是	
是否开展清洁审核	是	通过审核
是否开展环保节能培训	是	2013 年完成培训项目 24 项；开展各类培训班 27 个；培训人数达 1058 人
是否进行温室气体控制	是	通过绿色产业链、研发低碳环保产品、碳足迹研究减少温室气体的排放
是否制定环境解决方案	是	
环境指标是否主动公开	是	
环境指标是否真实合法	是	
低碳资金支出和收入是否合理有效	未审核	
是否获得环保奖励	是	“十二五”节能减排先进单位、全国质量工作先进单位标兵称号等
是否发生环境纠纷	是	2013 年，衡钢旗下连轧管公司能源二氧化硫排放浓度超标，受到环保局处罚

（六）长期发展能力评价

从表 1-16 可以看出，衡钢集团态度很明确，坚持清洁生产、做绿色产业；环保资金投入较前几年均有增长，并在国内行业内处于领先地位；公司节能减排技术主要以化学和物理技术为主。因此，衡钢在长期发展进程能力上在国内处于先进水平，但与发达国家相比仍有很多地方需要提高。

表 1-16　衡钢集团长期发展能力评价

项目	评价
衡钢集团对于环境保护的态度	衡钢一直坚持清洁生产、做绿色宝钢
环境管理部门的构建情况	公司设立能源环保委员会，负责制定公司循环经济方针，通过国家环境管理体系和能源管理体系的认证
环境管理部门人员素质情况	能源环保委员会由公司主管部门人员兼职，委员会下设办公室，由各部门人员兼职
环境监测制度构建情况	衡钢运用 LCA 理论和试算模型对自身碳排放进行监测，实行清洁生产审核制度
节能减排技术	据了解目前有 8 项节能减排技术，以化学和物理技术为主
环保设施投资情况	衡钢每年都有一定量的环保资金投入，从近五年来看每年投入额都在不断减少，2011 年增长到 59.38 亿元

在低碳经济背景下构建环境审计的框架并提出未来中国环境审计的演进方向。由于处于初级发展阶段，我国环境审计的框架体系不是很完善，尽管很多学者也对环境审计的内容进行了研究分析，但多处于表层分析。构建环境审计框架的内容其实是很多的，不仅仅是对各个要素的分析，笔者认为在今后的环境审计框架的研究上可以从以下方面进行探索。①环境审计评价框架的普遍性。构建的环境审计评价框架是基于钢铁企业的一个框架，今后的评价框架应该能适用于大部分企业，对于个别特殊行业可以特制一个评价框架。②环境审计评价框架的完整性和可行性。构建的框架应尽量验证、有效。另外，其中要获得的信息不能是目前技术无法获得的，要有可行性。③进行企业分析的时候应加入横向分析。即至少在选取同行业另外两家与选定作环境审计分析的企业进行比较分析，而那两家企业要一家是先进水平的，一家是普通水平的。④可以引用模糊综合评价法，并结合专家评分法对企业的各个环境审计评价指标进行打分，最后综合评价结果。

第二章　基于 PSR 模型分析的环境审计评价框架

第一节　PSR 模型在环境审计中的应用

一、PSR 模型的概念

压力（Pressure）—状态（State）—响应（Response）模型即 PSR 模型，最初是由加拿大统计学家 David J.Rapport 和 Tony Friend 于 1979 年提出的，用于分析环境压力、现状与响应之间的关系，经过经济合作与发展组织（OECD）和联合国环境规划署（UNEP）于 20 世纪八九十年代的共同开发，成为当前可持续经济发展、环境评价指标和环境现状评估等方面研究的常用模型，为环境审计框架的构建提供了新思路[1]。

（一）PSR 模型的定义

PSR 模型本质上体现的是做了什么、有何影响、如何应对这一思维逻辑，模型中分别有压力指标、状态指标和响应指标，不同的背景环境下每个指标有着不同的含义。一般而言，压力指人类经济活动对环境的压力；状态指由于压力而导致的环境条件或状态的变化；响应只为应对以上变化而做出的反应。Niemeijer 和 deGroot 提出了因果链框架，并论证了这一框架更能全面、细致入微地分析问题，除第一框

[1] 杨建宇 . 基于 P-S-R 模型的企业知识产权管理评价体系构建 [J]. 现代企业，2015（09）：15-16.

架即压力—状态—响应模型外，还有驱动力—状态—响应（DSR）模型以及驱动力—压力—状态—影响—响应（DPSIR）模型[1]。从字面含义上即可看出这三个模型存在着一脉相承而递进的逻辑关系。因此本章将借鉴该压力—状态—响应模型的运用成果，扩展压力—状态—响应模型中的三种指标的含义。

（二）PSR模型各指标之间的关系

邱微、赵庆良和李崧等人指出："20世纪80年代末，经济合作和开发组织（OECD）与联合国环境规划署（UNEP）共同提出了环境指标的PSR概念模型，即压力—状态—响应模型。在PSR框架内，环境问题可以表述为3个不同但又相互联系的指标类型：压力指标反映人类活动给环境造成的负荷；状态指标表示环境质量、自然资源与生态系统的状况；响应指标表征人类面临环境问题所采取的对策与措施。P-S-R概念模型从人类与环境系统的相互作用与影响，对环境指标进行组织分类，具有较强的系统性[2]。"李山梅、陈佳稳指出："其中压力指标描述了人类对环境及自然资源施加的压力，回答了系统为什么会发生如此变化的问题；状态指标描述自然界物理或生态环境状态和因此造成的社会经济发展状态，回答了系统发生了什么样的变化问题；响应指标描述对各种问题做了什么和应该做什么的问题，回答了人类的反应和行动。PSR概念框架适用环境项目绩效审计是由环境项目的特点决定的，同时也是由PSR概念框架本身所蕴含的意义所决定的[3]。"图2-1描述了压力—状态—响应模型。

---

[1] Niemeijer,D.,de Groor,R.S., "Framing Environmental Indiators:Moving form Causal Chains to Causal Network,"*Environment Development & Sustainability,*2008:89-106。

[2] 邱微，赵庆良，李崧．基于"压力—状态—响应"模型的黑龙江省生态安全评价研究[J].环境科学，2008（02）：1148-1152.

[1] 李山梅，陈佳稳．基于P-S-R概念框架下环境项目绩效审计评价研究[J].资源与产业，2011（02）：143-147.

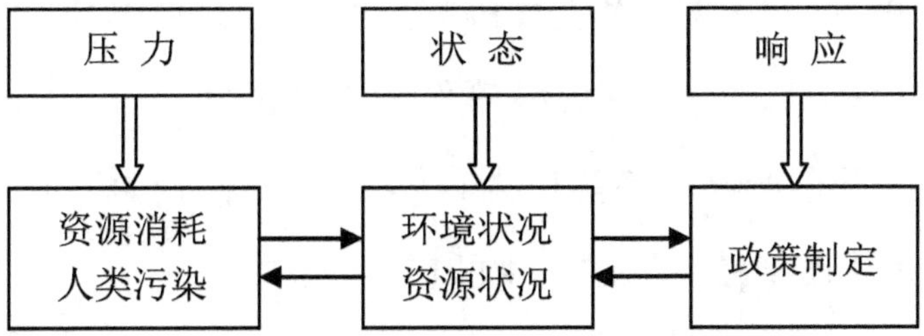

图 2-1　压力—状态—响应模型

二、PSR 模型在环境审计中的应用

国外将压力—状态—响应模型广泛地应用于环境状况评价方面，如水体富营养化、生物多样性评价、湿地环境监测评价等。国内多数学者也将其运用到我国的环境评价中来，如农用地资源评价、西藏日喀则地区的生态安全的综合评价、可持续发展的指标体系建构等。作为环境审计的重要内容，以上实践对环境审计框架的补充完善有重要的借鉴意义。此外，也有不少学者直接运用压力—状态—响应模型进行环境审计研究。

（一）PSR 模型的经验借鉴

王丽、王燕云和吴晓红等基于压力—状态—响应模型构建了区域性水环境的绩效审计评价体系：以各类废水及污染物入河指数作为压力指标；以水环境质量指数、水污染纠纷指数等作为状态指标；以水污染防治效率等作为响应指标，确定各指标的权重目标标准值，并获取实际值以构建评价矩阵，计算累计得分，最后得出评价结果[1]。

卢相君和刘蒙等基于压力状态响应模型制定了节能减排绩效审计标准，从经济、社会、环境这三个方面进行关联把握，并细化了各标准

[1] 王丽，王燕去，吴晓红等．区域性水环境绩效审计评价指标体系的构建及其运用研究 [J]. 科技情报开发与经济，2012（11）:137-139、144.

的具体评价指标，如以废水废气排放量等作为具体的压力评价指标；以环保技术达标率、资源损失率等作为具体的状态评价指标；以排放稳定达标率、绿色产品比率等作为具体的响应评价指标[1]。

（二）PRS 模型在环境审计中的应用

本章在利用压力—状态—响应模型构建环境审计框架时，主要发挥其两方面的作用：首先是整体框架完整性的把握，其次是构建审计过程中的标准体系。其中，三个指标的具体含义如下：压力指标用于描述审计对象的主观作为，包括国家对节能减排项目的资金投入、某地区的生活垃圾质量、企业的污水排放量、节能工程的完工情况等；状态指标用于描述承受以上作为的客体实际情况，包括全国能耗指数、某地区作为垃圾填埋场的土地占用率、水体污染因子含量、节能工程的使用情况等；响应指标用于描述审计对象的环境整治行为成效，包括全国节能指数、垃圾填埋场的整治率或减少数、水体健康指数、节能工程的实施效果等。

第二节　基于 PSR 模型的环境审计评价框架

一、PSR 模型的环境审计类型

环境审计的对象包括涉及环境的各类企业活动、政府行为及项目，环境审计的内容也就是审计对象在作为、财务上的真实性、合法性以

[2] 卢相君，刘蒙．基于 P-S-R 模式的节能减排绩效审计标准体系 [J]. 税务与经济，2012（01）:58-62.

及结果的有效性。一般而言，环境审计包括以下内容：资金使用的真实性、合法性以及有效性；是否遵守行业标准、国家环境法规及其他有关要求；有关环境整治和保护的行为成效；提出并纠正已经识别有缺陷的行动计划等。基于压力—状态—响应模型的环境审计框架，主要可以分为“压力”导向的合规性审计、“状态”导向的环境信息审计以及“响应”导向的财务审计和环境管理绩效审计。

“压力”是指审计对象的作为，而“压力”导向的合规性审计即对审计对象的作为以及这些作为是否符合国家相关法律、行政法规、行业标准等依据进行考核。所以这里对传统意义上的合规性审计进行了扩展。“状态”是指在“压力”下的环境状态，“状态”导向的环境信息审计主要是通过相应的环境评价指标体系对环境的改变及状态进行反馈、披露。“响应”是指审计对象开展的环保行为，而“响应”导向的财务审计即是对审计对象在环保专项资金的取得、运用过程中的常规审计，“响应”导向的环境管理绩效审计即是对这些环保行为及其效果进行跟踪。

二、PSR 模型的环境审计要素

经过环境审计的概念界定和压力—状态—响应模型的运用界定，以国内政府实践经验与前期学者的研究成果，环境审计框架的要素，主要包括环境审计的主体与对象、目标与依据及具体实施程序。

（一）环境审计的目标

环境审计旨在实现两个目标，一是监督企业和社会以保护环境，二是权衡经济效益和环境发展。换句话说，我们首先要明确环境审计到底是为谁服务，是为了做什么。在环境问题日益严重的今天，对良好环境的需求比经济需求更迫切，环境审计也开始备受关注，成为公众的需求，公众的想法就是需要切切实实地看到环境改善的效果，因此它已成为环境审计的方向。

压力—状态—响应模型下的环境审计也是基于此的，能展示环境和政策的逻辑关系，客观地分析造成各种现象最直接和最主要的原因，对环境问题起到弥补和预防的作用，并且在条件允许的范围内利用资源，创造出更大的经济效益，以保证经济与环境的平衡。

（二）环境审计的主体

环境审计的主体分为审计主体和被审计主体。被审计主体毫无疑问自然是接受环境审计的各个部门、企业和民间组织，它们有可能是被动要求审计，也可能是主动要求审计。为了判断环保资金的使用是否合法，我国政府提出了“环境审计”这一概念。因此在我国，审计主体的角色一般由政府来担任，不过随着时代的发展，内部审计和民间审计也逐渐重要起来。

压力—状态—响应模型之所以适用于环境审计，是因为其因果关系鲜明和具有可操作性，因此在操作上仍然需要以政府为主体整体把握环境状态，积极制定相关政策。与此同时，企业自身内部审计也是不可缺少的，当企业意识到自己的所作所为已经对环境造成破坏，阻碍了经济发展时，那么就应该及时做出相对的反应，来减小这一危害或者说在今后的生产中避免这一危害的发生。不仅如此，我们也要发挥公众力量，曝光一些破坏环境的行为，以对危害环境的行为起到监督作用。

（三）环境审计对象

有了主体和目标之后，就应该判断为了这个目标主体应该对什么进行审计，即明确环境审计的对象。根据有关学者的研究，审计的对象有很多种，包括对环境责任的审计、对环境符合性的审计、对废弃物管理的审计等。可以说每一个影响环境的因素都可以作为环境审计的对象，也都需要我们对其给予及时的监督。

压力—状态—响应模型的本质决定了它用于环境审计的可行性，环境审计的对象就是模型需要研究的对象。比如，要是对废弃物管理进行审计，那么模型的对象就是废弃物，可通过废弃物再利用率、废弃物排放量、废弃物处理及时性等指标来建立模型。

（四）环境审计的依据

没有规矩不成方圆。所有经济事务的发展走向必须以法律法规作为后盾，只有在法律的规范和引导下，才能明确事情处理的手续和规律，才能遏制一些不必要的错误发生，以达到目标。环境审计也是如此，1989 年以来，我国陆陆续续制定出各种相关法律法规用以保护环境，见表 2-1。

表 2-1　我国颁布的主要环境法律、法规

名称	年份	主要内容
《固体废物污染环境防治法》	2016 年修订	对固体废物污染环境的防治，实行减少固体废物的产生量和危害性、充分合理利用固体废物和无害化处置固体废物的原则，促进清洁生产和循环经济发展
《环境保护法》	2014 年修订	保护和改善环境，防治污染和其他公害，保障公众健康，推进生态文明建设，促进经济社会可持续发展
《循环经济促进法》	2008 年	为了促进循环经济发展，提高资源利用效率，保护和改善环境，实现可持续发展，在生产、流通和消费等过程中进行的减量化、再利用、资源化活动
《放射性污染法》	2003 年	对防治放射性污染，保护环境，保障人体健康，促进核能、核技术的开发与和平利用等方面进行了规范
《清洁生产促进法》	2002 年	对清洁生产的含义、类型，清洁生产的措施、清洁生产的推行、限期淘汰落后技术、设备和产品，进行了规范

表 2-1 我国颁布的主要环境法律、法规 续表

《排污费征收使用管理条例》	2002 年	对排污费征收、使用的管理及其法律责任进行了规范
《环境影响评价法》的有关规定	2002 年	规定对规划和建设项目实施后可能造成的环境影响进行分析、预测和评估，提出预防或者减轻不良环境影响的对策和措施，进行跟踪监测
《水污染防治法》	1996 年	规定了水环境质量标准和监督管理的程序及有关法律责任
《矿产资源法》	1996 年修订	对防止污染环境、节约用电、破坏自然资源的恢复、损失赔偿等进行了规定
《大气污染防治法》	1995 年（2000 年修订）	对防治大气污染进行了规定
《污染源治理专项基金有偿使用暂行办法》	1988 年	对污染源治理专项基金形成、使用、管理等事项进行了规范

在压力—状态—响应模型中，是环境状态的改变引起社会的响应的，因此可以说这些环境法都是模型中响应的产物。比如，其中的《中华人民共和国野生动物保护法》的出台，起因是人类大量捕杀野生动物来食用和贩卖，导致野生动物数量大量减少甚至灭绝，基于此，政府制定法律和法规，宣布野生动物资源属于国家。反过来说，这也成为野生动物保护的依据，若有单位违规，可以根据《中华人民共和国野生动物保护法》对其进行环境审计。图 2-2 为压力—状态—响应模型中的环境审计框架。

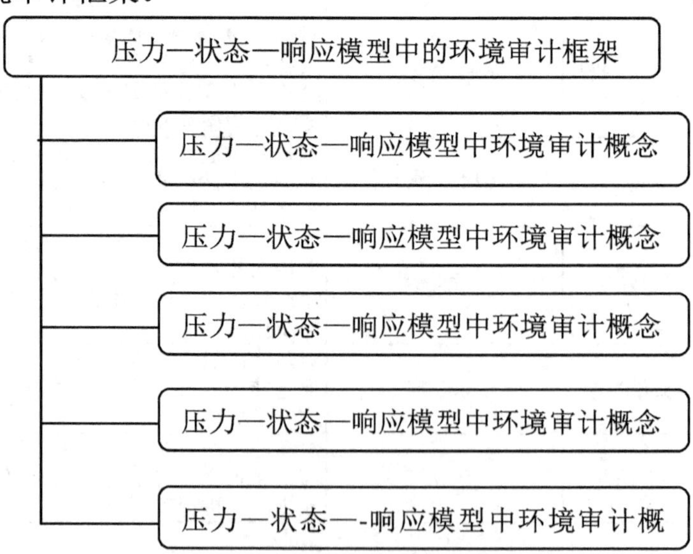

图 2-2 压力—状态—响应模型中的环境审计框架

三、基于 P-S-R 模型的环境审计程序

与传统审计一致，环境审计也依照审计计划、审计实施和审计报告三个流程开展（见图 2-3）。

（一）环境审计的计划阶段

在环境审计的计划阶段，审计主体应对环境审计的开展进行详尽的准备。要了解被审计单位的基本情况，明确本次环境审计的审计对象与目标，选择合适的审计类型，并以此为依据构建审计评价指标体系。在构建指标体系的过程中，要关注国家有关法规政策及相关标准的变化，本着有重点、够全面、可操作等原则列出评价指标条目，并确定部分定性指标的标准值。

（二）环境审计的实施阶段

环境审计的实施内容主要是进行分析性复核。对于定性指标，应搜集相关证明材料如企业环保程序的设计体制以及执行情况表等，以如实反映情况，作出客观判断；对于定量指标，通过获取经过客观验证的相关数据如统计局公示的数据、上市公司财务报表以及实地检测数据等，进行数据的统计与分析，以绝对值或相对值的形式呈现结果，并将有规定标准的指标进行核对比较，以得到客观数据结论。

（三）环境审计的报告阶段

环境审计报告阶段的目标是评估当前已经发生的事实，在经过审计实施阶段以后，通过归纳总结定性分析，将定量分析的数据结果进行数理统计运用，也可以利用图标结合的方式直观呈现审计结果，并指出存在或隐藏的问题，提出后续措施与建议，提炼审计结论，最后提交审计报告。

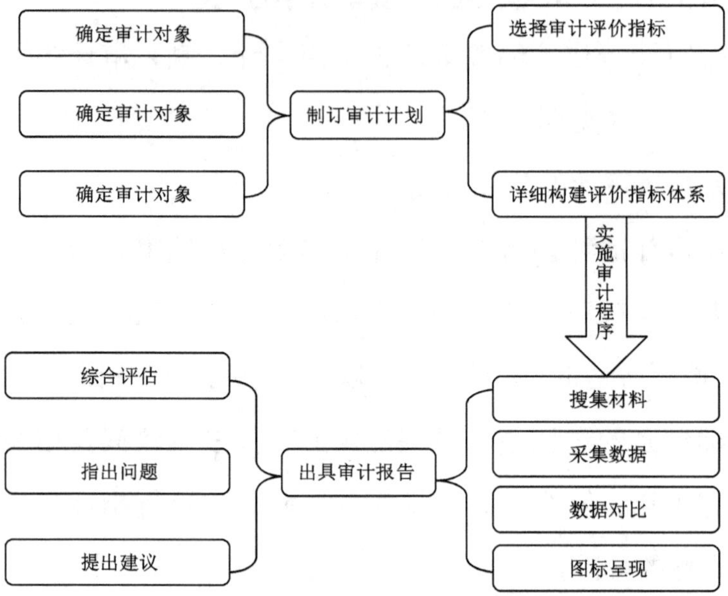

图 2-3　PSR 模型的环境审计程序

四、基于 PSR 模型的环境审计评价指标体系

基于 PSR 模型的环境审计评价指标体系由合规性指标、压力指标、状态指标和响应指标构成（如图 2-4 所示）。需要说明的是，图 2-4 中虚线箭头表示的是合规性环境审计始终贯穿于各个指标的实施过程中。

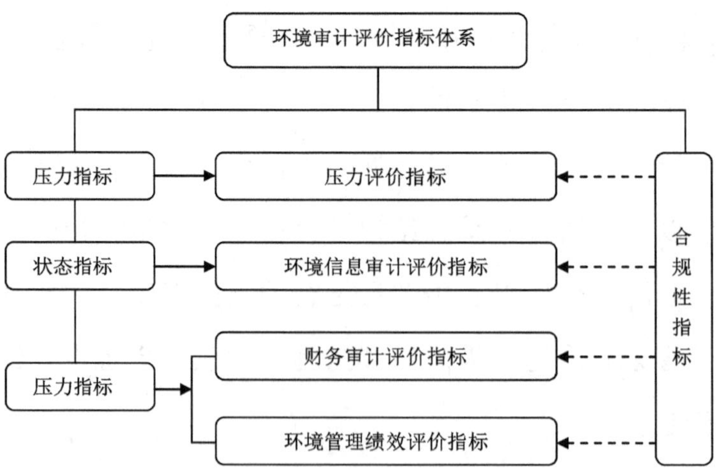

图 2-4　PSR 模型的环境审计评价指标体系

（一）合规性指标

合规性指标属于定性指标，主要内容是审计标准，即各类法律法规、政策规章。根据范畴大小可将其分为国际、国家、地区三个层次，具体有国际上有关环境的相关协议与规定、国内的环境政策与规划、公共部门如环保局的相关规定、其他有关环境的要求与规范等。在所有类型的环境审计，以及审计流程中的各个环节中通常都要用到合规性审计评价指标，用以考察审计对象的各类行为决策是否合规、环境信息中反馈的环境状态是否达标、环境管理行为是否有效。在审计实施的过程中，通过对各类指标的“是否履行相关规定”及“履行情况”选项的勾选，得到合规性指标得分表，最后综合给出合规性评价结果。图 2-5 给出了合规性审计评价指标体系的具体内容。

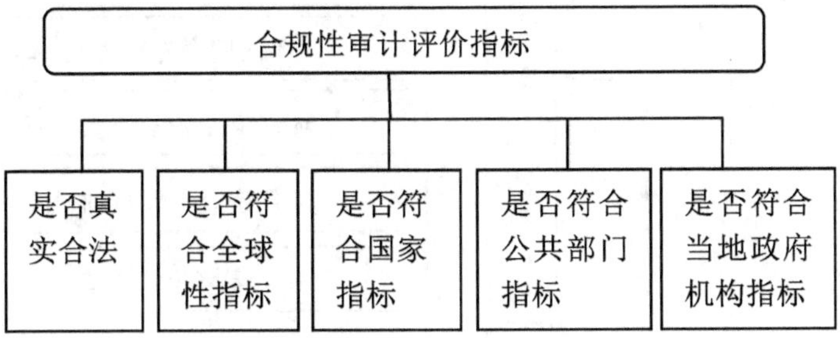

图 2-5　合规性审计评价指标体系

（二）压力指标

压力指标属于定量指标，意义在于对审计对象有关环境影响的行为决策进行量化，以便更直观地进行分析。该指标主要分为以下几类（见图 2-6）；一是资源级源的消耗，如原煤年消耗量、电力年消耗量、农田耕地占用率等；二是“三废”的排放量，即废气、废水、固体废弃物的排放量；三是经济社会因素带来的客观压力，如城市人口密集度、机动车数量、工业企业数量等。在审计实施的过程中，该指标的描述主要通过绝对数字、相对比率的形式，将其与标准进行比对，并用分数表示其各项指标的达标程度，最后得出压力指标的评价结果。

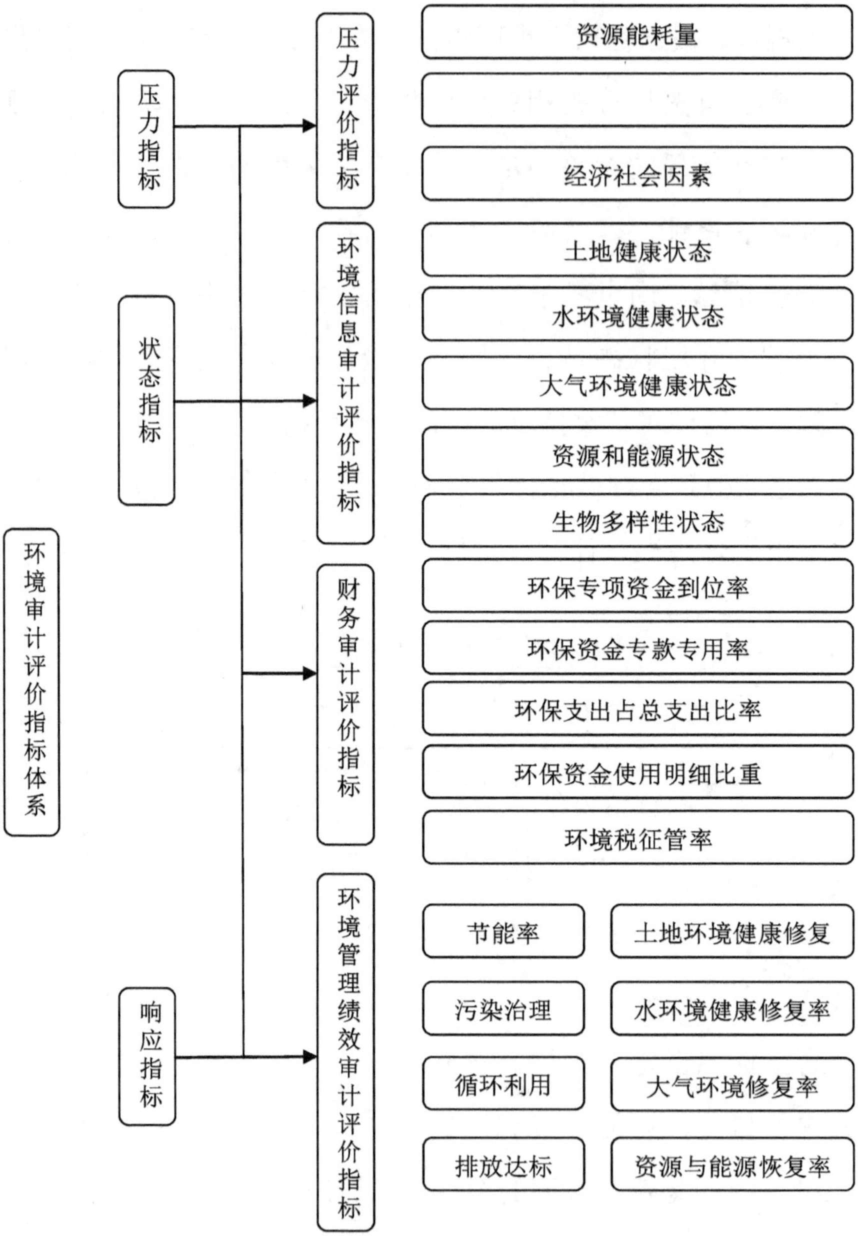

图 2-6　PSR 模型的环境审计评价指标体系

（三）状态指标

状态指标主要是指环境信息的评价指标，属于定量指标。主要可以分为土地资源、水环境、大气环境、资源与能源、生物多样性五类（见图 3-6）。土地资源环境信息指标，包括森林覆盖率、土地荒漠化比率、水土流失比率、土壤结构比率、土壤各类有害元素比率等；水环境信息指标，包括水体富营养化比率、水体各有害元素比率、水体含沙量、水量季度变化率、水体污染事件发生率等；大气环境信息指标，包括环境空气质量指数、沙尘暴天气比率、雾霾天气比率、酸雨比率、大气中各类有害气体比率、空气污染事件发生率；资源与能源信息指标，包括不可再生能源使用年限、各类矿产能源占有比率等；生物信息指标，包括区域物种数量、危险物种现存数量等。在审计实施的过程中，可结合实际情况进一步细化指标，状态指标的描述可通过绝对数字、相对比率的形式，之后将其与标准进行比对，以综合评价各类细节环境的健康状态。

（四）响应指标

响应指标主要由财务审计指标和环境管理绩效评价指标构成。财务审计评价指标属于定量指标，体现的是传统常规审计在环保领域的运用。在环境审计的实施过程中，用各类财务比率指数反映审计对象在环保资金收支方面的合理性、效益性。另外，可以增添环保资金到位率、环保资金专款专用率、环境税征管率等指标来评价政府、企业在环保事业方面的作为。通常对具体企业或专项项目进行环境审计时需要设计相应的财务审计指标。

环境管理绩效评价指标属于定量指标，主要分为两部分，一部分用以描述为改善环境而进行的相关行动与措施，包括各类能源使用节省率、清洁能源使用率、环保技术覆盖率、“三废”治理设备使用率、“三废”排放减少量、绿化行动覆盖率等；另一部分用以跟踪反馈环境管理的成效，涉及环境状态的前后比对以及环境领域的修复程度，通常用各环境信息指标的变化值来表示。

第三节　PSR 模型大气环境治理实证分析

在中国工业化和城镇化进程不断加速中，资源和环境约束问题也日益突出，大气污染压力持续加大。根据《2014 中国环境状况公告》[1]，2014 年开展空气质量新标准监测的 161 个地级及以上城市中，仅有舟山等 16 个城市空气质量达标（ 好于国家二级标准），占比仅为 9. 9%，其他 145 个城市空气质量均超标。大气环境关系到人民根本利益和经济持续健康发展，大气环境治理绩效考核评价是大气环境治理的重要内容和手段[2]。国务院 2013 年发布的《大气污染防治行动计划》（即“大气十条”）中明确规定：将重点区域的细颗粒物、非重点地区的可吸入颗粒物等指标作为经济社会发展约束性指标，构建以环境质量改善为核心的目标责任考核体系。

合理的大气环境治理绩效评价体系，应既包括治理结果评价——质量改善，也包括治理过程评价——投入程度和措施得当程度等，要全面揭示大气环境治理全过程、全要素的综合绩效。根据环境资源管理的 PSR 模型，并利用主成分分析法，对全国 10 个省份 2011 ～ 2013

[1] 中华人民共和国环境保护部 .2014 中国环境状况公告，http:www.gov.cn/gkm/qt/.hbb/201506/hbb/201506/20150604-302942.htm.

[2] 中华人民共和国国务院 . 国务院关于印发大气污染防治行动计划的通知（国发〔2013〕37 号）.

年的大气环境治理绩效进行了实证分析，得到了一些有益的结论。

一、大气治理文献回顾与述评

相关大气环境评价文献主要可以分为大气环境质量评价、大气环境压力载荷度评价和大气环境治理综合评价三类。

大气环境质量评价：郑健（2014）[1]、宋盈（2013）[2]、张曙红和武鹏程（2008）[3]、王玲玲等（2014）[4]主要选择影响大气环境质量的主要参数，如 SO_2、NO_2、PM10、PM2.5 浓度等，利用模糊数学综合评价法、超标倍数赋权法、灰色聚类法等计算大气环境质量综合得分，对结果进行分析并提出降低和防治大气污染的相关建议。这类研究把大气环境质量评价视作大气环境治理绩效评价，在指标体系构筑上考虑了“结果”，而未包括“过程”和“动因”。

大气环境压力载荷度评价：胡炳清等（2013）[5]、张静等 （2013）[6]主要采用单位面积（空间）上人类经济社会活动产生大气环境污染物的强度来衡量大气环境的载荷度，利用数理统计方法计算出污染物单位排放的综合指数（污染物指数），进行区域间对比和年度对比，并分析污染物指数和其他经济因素（例如经济发展水平）间的关联。这类研究把重点放在大气环境治理的压力监测和压力缓解环节，从过程、流量的

[1] 郑健.2001—2011 年乌鲁木齐市大气环境质量模糊数学综合评价 [J]. 环境污染与防治,2014(36):28-34.

[2] 宋盈. 灰色聚类法在大气环境质量评价中的应用——以安阳市 2004—2011 年大气环境质量为例 [J]. 北京建筑工程学院学报,2013(29):38-42。

[3] 张曙红，武鹏程. 武汉市大气环境质量的综合评价 [J]. 环境科学与技术,2008(21):110-113。

[4] 王玲玲，卢晓宁，孙志高. 改进 TOPSIS 方法在大气环境质量评价中的应用 [J]. 环境工程,2014(09)：142-146。

[5] 胡炳清，夏丽萍，柴发合，易鹏. 环境压力指数及我国大气环境压力状况评价 [J]. 中国环境学，2013(09):1678-1683。

[6] 张静，蒋洪强，卢亚玲. 一种新的城市群大气环境承载力评价方法及应用 [J]. 中国环境监测,2013(29):26-31。

角度去评价大气治理绩效，而没有考虑静态质量结果。

大气环境治理综合评价：何梅和林勇（2003）[1] 将区域环境中 PM10 分布状况要素与大气环境治理措施要素这两个系统共同组合成一个灰色关联系统，将表征大气中 PM10 污染的指标作为子因素，把影响这些污染的因素作为母因素，运用斜率关联分析模型，定量分析 PM10 治理措施的有效性。佟仁城（2002）[2] 构筑了部门中间消耗、部门增加值、部门污染物排放三个模块组成的投入产出模型，对大气环境的治理措施从治理效果和治理经济性两方面进行了综合评价。张峰和陈文龙（2015）[3] 从投入产出角度构筑指标体系，将就业人数、固定资产投资数、总能源消耗量、NO_2 排放量、SO_2 排放量及烟粉尘排放量作为投入指标，将地区生产总值（GDP）作为产出指标，利用数据包络方法（DEA）对多种投入 / 产出决策单元下治理效果的相对效率进行分析评价。这些研究都试图将大气环境质量和影响质量的相关因素组合起来，进行综合分析，但并未揭示影响因素和质量结果之间以及影响因素相互之间的关联和互动关系，不利于进行评价结果的动因剖析。

在实践探索方面，国际上最具代表性的评价方法有美国污染物标准指数评价法（PSI）(USEPA，1999[4])、美国格林环境空气污染综合指数（USEPA，2013[5]）和加拿大环境空气质量指数（AUSTRIAL，2013[6]）等，中华人民共和国环保部 2012 年颁布了环境空气质量指数（AQI）技术规定。这些指数或从污染物排放，或从空气质量角度对大气环境进行衡量，

[1] 何梅，林勇 .PM10 治理措施有效性的灰色关联评价及实证分析 [J]. 重庆大学学报，2003(26):135-138。

[2] 佟仁城 . 投入产出技术在大气环境治理措施评价中的应用 [J]. 数量经济技术研究，2002(01):78-81。

[3] 张曙红，武鹏程 . 武汉市大气环境质量的综合评价 [J]. 环境科学与技术，2008(21):110-113。

[4] USPA.Air Qualily Index Reporting[R/EB].Washington:USEPS,1999(08)。

[5] USPA.Uniforn air Qualily Indx(AQI)and Daily Reporting [R/EB],Washington: USEPS,2013(08)。

[6] The office of Environment and Heritage in WSW Government,Australia,About air Quality Monitoring[R/EB], 2013(06)。

均属于单一角度衡量，算不上综合、多角度的大气环境治理绩效评价。国务院2014年发布的《大气污染防治行动计划实施情况考核办法（试行）》，包括空气质量改善目标完成情况（PM10和PM2.5）和大气污染防治重点任务完成情况两类，其中第二类又包括定性和定量的10个方面：产业结构调整优化、清洁生产、煤炭管理与油品供应燃煤小锅炉整治、工业大气污染治理、城市扬尘污染控制、建筑节能与供热计量、大气污染防治资金投入、大气环境管。可以认为《考核办法（试行）》是系统进行大气环境治理绩效评价的有益探索，但《考核办法（试行）》并没有说明各考核要素权重赋值的依据和计算办法，也没有说明选择这些考核要素的理论依据，缺少考核要素之间的相互关联揭示。

本书在已有文献基础上，尝试提出一套新的大气环境治理绩效评价模型和评价办法。这套模型和办法应具备几个特征；一是全面性，要综合全面反映大气环境治理的关键活动和关键要素，而不是某一局部；二是关联性，要反映大气环境治理措施和治理效果之间的关联以及治理措施相互间的关联；三是可追溯性，对大气环境质量的变化能够进行影响因素的回溯分析；四是定量化，基于统计规律，采用定量方法进行指标的筛选和赋值；五是可比性，能够进行不同地区、不同年份主体间相互的对比。

二、PSR模型下的大气环境指标体系

（一）PSR相互机制作用

PSR之间的逻辑数量关系（见图2-7）是：要通过高效利用自然资源和减少污染物质排放以减少资源环境压力（正向P），还要加大资源环境保护和治理力度（正向R），来保持和改善资源环境状况（正向S）。

反过来，如果自然资源利用低效、污染物排放持续加大（反向P），而环境和资源治理又不得力（反向R），资源环境状况就无法维持并恶化（反向S）。

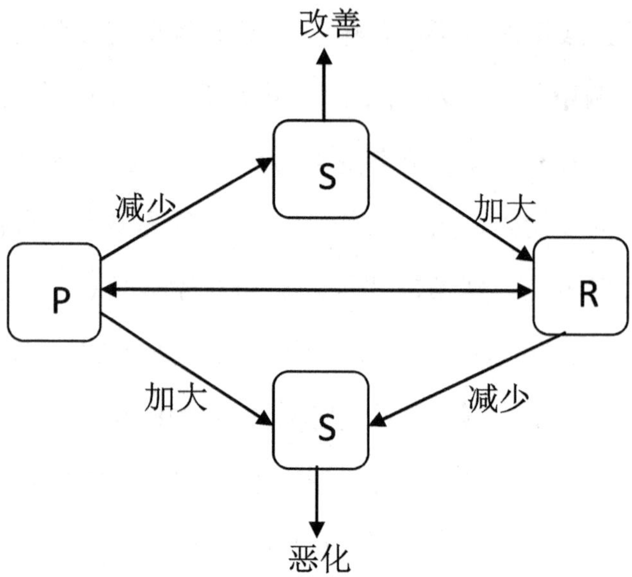

图 2-7　PSR 相互机制作用

围绕 PSR 三个方面构筑相关的指标以形成指标体系，将地方政府提高资源有效利用、减少污染物排放、加大资源环境治理几项重点资源环境保护工作和区域资源环境状况变动情况有机结合在一起，可以勾画出资源环境管理工作的逻辑链，体现各项工作之间的平衡和互动（李春瑜，2015[1]）。“平衡记分卡”(BSC) 是企业绩效衡量的有效工具，基于 PSR 模型所构筑的指标模型，恰似政府环境绩效评估的“平衡记分卡”。

（二）PSR 模型的大气环境指标体系

选择大气环境治理绩效评价指标的原则如下：一是客观性和可获得性。选择客观定量化指标，排除人为判断。在现有公开权威媒体中

[1] 李瑜．基于模型的政府资源环境绩效审计评价指标研究 [J]. 首都贸易大学学报，2014(06):59-64.

选择可用的代表性指标，保证指标易获取。二是政策相关性和敏感性。尽可能选择近年来与大气环境治理关联度高的相关指标，尤其是已有政策文件提到的空气环境评价指标。选择的指标如表 2-2 所示。

表 2-2　PSR 模型的大气环境治理绩效评价指标体系

指标类型	指标编号	指标内容	计量单位	计算办法	指标说明	指标性质
压力	P1	单位 GDP/SO_2 排放量	吨 / 亿元	SO_2/GDP	创造一个单位的 GDP 而产生 SO_2 排放量，说明压力程度	反向指标，越低越好
	P2	单位 GDP/NO_2 物排放总量	吨 / 亿元	NO_2/GDP	创造一个单位的 GDP 而产生 NO_2 排放量，说明压力程度	反向指标，越低越好
	P3	单位 GDP 烟（粉）尘排放总量	吨 / 亿元	烟（粉）尘排放总量 /GDP	创造一个单位的 GDP 而产生烟（粉尘）排放量，说明压力程度	反向指标，越低越好
	P4	单位 GDP 工业废气排放量	亿立方米 / 亿元	工业废气排放量 /GDP	创造一个单位的 GDP 而产生工业废气排放量，说明压力程度	反向指标，越低越好
状态	S1	单位 PM10 比上年减少	毫克 / 立方米	单位空间吸入颗粒物上年与当年比较	PM10 当年减少程度，说明大气环境的改善	正向指标，超高越好
	S2	SO_2 浓度减少	毫克 / 立方米	空气中 SO_2 浓度上年与当年比较	SO_2 当年减少程度，说明大气环境的改善	正向指标，超高越好
	S3	NO_2 浓度减少	毫克 / 立方米	空气中 NO_2 浓度上年与当年比较	NO_2 当年减少程度，说明大气环境的改善	正向指标，超高越好
	S4	空气质量二级以上天数提高	天	空气质量二级上年与当年比较	空气质量二级上天数，说明大气环境的改善	正向指标，超高越好
指标类型	指标编号	指标内容	计量单位	计算办法	指标说明	指标性质
响应	R1	工业废气治理当年运行支出	万元	当年运行支出总额	说明大气环境治理日常支出水平，对大气污染的反应	正向指标，超高越好
	R2	空气污染治理燃气投资	亿元	当年投资总额	空气污染治理燃气投资，对大气污染的反应	正向指标，超高越好
	R3	空气污染治理集中供热投资	亿元	当年投资总额	空气污染治理集中供热投资，对大气污染的反应	正向指标，超高越好
	R4	工业污染治理投资	亿元	当年投资总额	工业污染治理投资，对大气污染的反应	正向指标，超高越好

压力类指标用主要污染物排放与 GDP 的比值来衡量，指标额越低，说明在发展经济进程中因排放而对大气造成的压力程度越低，产生一

个单位 GDP 要付出的污染物排放代价就越小。状态改善类指标有两类，一是单位空气中污染物平均浓度比上期降低额，二是空气质量达到国家标准二级以上天数比上期增加数。该类指标数值越高，说明空气质量改善程度越好。响应类指标主要为治理或防治空气污染而采取行动所产生的开支或投资。一般而言，这类支出或投资越高，说明地方政府在大气环境治理方面的重视程度越高，实施治理污染行动力度越大。

指标数据来源自《中国环境统计年鉴》中的“大气环境”“城市环境”和“环境投资”三部分。为了便于不同地区、不同年度大气环境治理绩效的比较，我们选取了全国 10 个省份 2011 ～ 2013 年共计 30 组数据（每组数据 12 个指标）。其中，环境状态改善 S 类指标由于缺乏全省份数字，我们以省份所在的省会城市数据替代。

三、PSR 模型的大气治理过程与结果分析

在业绩评价中，为了全面客观分析问题，往往要考虑从多方面观察评价对象，搜集多个角度的观察数据。在面面俱到的同时，也引发了一些其他问题：一是不同角度的数据可能存在关联，从而造成信息冗余；二是难以形成一个综合、一致性的判断。主成分分析法可以很好地解决这两个问题，主成分分析考虑了各指标间相互关系，利用“降维”思想把多个指标转换成较少的、几个互不相干的综合指标，从而使进一步研究变得简单。利用主成分分析法还可以提炼出一个统一、综合的评价指数，实现多指标的一致性评价。

（一）过程分析

1. 数据标准化。为了便于主成分分析，要对数据进行一些必要的处理：一是逆向指标的正向化，对属于逆向指标的压力类 (P) 指标取

倒数，使其变成正向指标（1/P）。二是 12 个指标的标准化处理。12 个指标量纲不同，需要通过标准化处理来消除量纲之间的差异。10 个省份 2011 ～ 2013 年的 30 组数据中，某个指标数据我们用 X_{ij} 来表示，其中 i 表明该数据处于第几组，j 表明该数据属于哪个指标，Y_{ij} 表示标准化后的该数据，则：

其中，$$X_j=\frac{\Sigma_{i=1}^{30}X_{ij}}{30}$$

$$S_j=\sqrt{\frac{\sum_{i=1}^{30}\left(X_{ij}-X_j\right)^2}{30-1}}$$

P1、P2、P3、P4、S1、S2、S3、S4、R1、R2、R3、R4 标准化处理后，用 ZP1、ZP2、ZP3、ZP4、ZS1、ZS2、ZS3、ZS4、ZR1、ZR2、ZR3、ZR4 表示。

2. 主成分分析法适合程度检验。利用 SPSS17.0 软件进行主成分分析，录入数据时启动主成分分析过程，形成的过程分析如表 2-3 所示。

表 2-3 数据的 KMO 和 Bqrtlett 的检验

KMO 和 Bartlett 的检验		
取样足够度的 Raiser-Meyer-Olkin 度量		0.712
Bartlett 的球形度检验	近似卡方	824.781
	df	66
	S_{ig}	0.000

KMO 值达到了 0.712，近似卡方值为 824.78，可信度水平为 0.000，数据通过了 KMO 和 Bartlett 检验，表明适合作主成分分析。

3. 主成分的确定。特征值和方差贡献度情况如表 3-4 所示。以特征值大于 1 为标准，可选的主成分有 3 个；累计方差贡献度达到

72.143%，表明 3 个主成分可以说明 12 个指标 72.143% 的信息量；按照方差贡献度的高度，三个主成分分别用 Z1、Z2、Z3 表示。

表 2-4 因子方差贡献率

解释总方差									
成分	初始特征值			提取平方和载入			旋转平方和载入		
	合计	方差贡献率 %	累积方差贡献率 %	合计	方差贡献率 %	累积方差贡献率 %	合计	方差贡献率 %	累积方差贡献率 %
1	4.32	35.99	35.99	4.32	35.99	35.99	3.83	31.92	31.92
2	2.90	24.20	60.19	2.90	24.20	60.19	3.16	26.30	58.21
3	1.43	11.95	72.14	1.43	11.95	72.14	1.67	13.93	72.14
4	0.94	7.84	79.98						
5	0.60	5.01	84.99						
6	0.56	4.65	89.64						
7	0.39	3.24	92.88						
8	0.31	2.55	95.43						
9	0.25	2.08	97.51						
10	0.17	1.43	98.95						
11	0.10	0.83	99.78						
12	0.03	0.22	100.00						

旋转后的因子载荷矩阵说明了 12 个指标与 3 个主成分之间的相互关联，如表 2-5 所示。

表 2-5 旋转后的因子载荷矩阵

旋转后的因子载荷矩阵			
	Z1	Z2	Z3
ZP1	0.92	0.02	0.10
ZP2	0.87	0.02	0.04
ZP3	0.90	0.06	0.5
ZP4	0.81	0.04	0.10
ZR1	-0.41	-0.14	-0.68
ZR2	-0.36	-0.02	0.79
ZR3	-0.51	-0.25	0.18
ZR4	-0.33	-0.46	0.64

ZS1	0.03	0.89	0.15
ZS2	0.31	0.75	-0.14
ZS3	0.04	0.88	0.06
ZS4	-0.13	0.85	0.26
提取方法：主成分分析法；旋转法：具有 Kqiser 标准化的正交旋转法			
注：旋转在 5 次迭代后收敛			

由表 2-5 可知，与主成分 Z1 相关性强的指标为 ZP1、ZP2、ZP3、ZP4，与主成分 Z2 相关性强的指标为 ZS1、ZS2、ZS3、ZS4，与主成分 Z3 相关性强的指标为 ZR1、ZR2、ZR3、ZR4。因此，Z1 可以命名为压力主成分，综合反映了压力类指标的总体情况；Z2 可以命名为状态改善主成分，综合反映了状态改善类指标的总体情况；Z3 可以命名为反应主成分，综合反映了反应类指标的总体情况。

根据得分系数矩阵表 2-6，可以得到三个主成分的表达式：

压力主成分：Z1=0.24×(ZP1)+0.24×(ZP2)+0.24×(ZP3)+0.21×(ZP4)-0.09×(ZR1)-0.12×(ZR2)-0.13×(ZR3)-0.05×(ZR4)0.04×(ZS1)+0.05×(ZS2)-0.03×(ZS3)-0.08×(ZS4)；

状态主成分：Z2 =-0.05×(ZP1)-0.05×(ZP2)-0.03×(ZP3)-0.04×(ZP4)+0.056×（ZR1)-0.09×(ZR2)-0.09×(ZR3)-0.07×(ZR4)+0.29×(ZS1)+0.27×(ZS2)+0.30×(ZS3)+0.27×(ZS4)；

反应主成分：Z3=0.03×(ZP1)+0.00×(ZP2)+0.00×(ZP3)+0.04×(ZP4)-0.42×(ZR1)+0.53×(ZR2)+0.16×(ZR3)-0.35×(ZR4)-0.02×(ZS1)-0.20×(ZS2)-0.08×(ZS3)+0.07×(ZS4)。

表 2-6　成分得分系数矩阵

旋转后的因子载荷矩阵			
	Z1	Z2	Z3
ZP1	0.24	-0.05	0.03
ZP2	0.24	-0.05	0.00
ZP3	0.24	-0.03	0.00
ZP4	0.21	-0.04	0.04
ZR1	-0.09	0.06	-0.42
ZR2	-0.12	-0.09	-0.53
ZR3	-0.13	-0.09	0.16
ZR4	-0.05	-0.07	-0.35
ZS1	-0.04	0.29	-0.02
ZS2	0.05	0.27	-0.20
ZS3	-0.03	0.30	-0.08
ZS4	-0.08	0.27	0.07
提取方法：主成分分析法　　旋转法：具有 Kaiser 标准化的正义旋转法			

最后，用选出的主成分的方差贡献率为权数，将各因子得分进行综合，得出大气环境治理综合因子得分 Z 表达式：

Z=35.99%×Z1+24.20%×Z2+11.95%×Z3

（二）结果分析

有了压力指数 Z1：状态改善指数 Z2、响应指数 Z3 和综合评价指数 Z 的表达式，就可以计算出 10 个省份每年度的各指数得分（表略），进而进行省份间和年份间各类指数的比较。

1. 大气环境治理绩效的省份间比较。在表 2-7 中，将 10 省份 3 年 Z、Z1、Z2、Z3 平均数按由高到低排序的排名分别进行了列示。综合绩效指数 Z 排名前 5 省份为：北京、西藏、上海、广东、海南；综合绩效指数 Z 排名后 5 的省份为：青海、贵州、黑龙江、甘肃、陕西。大气环境治理绩效排名靠前的省份基本上属于三类：一是大气环境治理全国关注的热点地区（京、沪、津），二是环境资源禀赋较好的重点保护地区（西藏、海南），三是经济较发达的东南地区（广东、江苏、浙江）。大气环境治理绩效排名靠后的省份，基本属于西北、西南欠发达地区。

就压力指数 Z1、状态改善指数 Z2、响应指数 Z3 的分项分析来看，综合绩效指数 Z 排名靠前的省份中，北京、天津 Z1、Z3 排名在前，但 Z2 排名较落后，说明这两个省份虽然在减轻大气污染压力、推进大气环境投资治理方面较为积极，但大气环境质量改善效果并不理想，这一定程度上和京、津地区大气环境方面的历史欠账较多有关。上海、广东、浙江、海南四个省份，除综合绩效 Z 不错外，压力指标 Z1、状态指标 Z2、反应指标 Z3 的排名也都比较靠前，说明这几个省份在大气环境治理方面已经进入了较好的平衡状态。

综合绩效指数 Z 排名靠后的 5 个省份中，甘肃、贵州、陕西的状态指标 Z2 的排名都比较靠前，但 Z1 和 Z3 靠后拉低了整体排名（综合绩效排名云南也属于这种情况）。一方面说明这些省份在大气环境禀赋方面较好，另一方面说明在减少污染物排放对环境压力、有效进行环境治理投资方面的重视程度还有待提高。

其他省份的整体排名、分项排名都普遍靠后，说明不但大气环境状况改善不佳，大气环境治理管理方面还有很长的路要走，更应高度关注。

2. 大气环境治理绩效的年度变化情况。在表 2-8 中，对各个省 2011—2013 年各年度综合绩效指数 Z 进行了列示，并就 2013 年数据和 2011 年数据进行了比较，列示了各个省份综合绩效指数 Z 的升降情况。

从整体看，大气环境治理状况并不乐观：31 个省份中，仅有 9 个省份（北京、黑龙江、上海、浙江、湖北、湖南、广东、四川、西藏）综合绩效指数 Z 上升，其他 22 个省份都是下降的。综合绩效指数 Z 上升的省份中，大部分也是 3 年综合绩效指标平均值靠前的省份（北京、上海、浙江、湖南、广东、西藏）。

就大区域内各省份平均值看，除西南地区综合绩效指数 Z 上升外，华北、东北、华东、华中、西北地区都是下降的。

除了综合指数 Z 变动的比较外，还可进行 Z1、Z2、Z3 分项的变动比较，见表 2-9 在 31 个省份中，29 个省份压力指数 Z1 是增长的，仅有河北、宁夏两省下降，说明绝大部分省份在减少污染物排放方面都有所进步；状态改善指数 Z2 除云南、新疆外，其他 29 个省份都是下降的，说明和 2011 年相比，2013 年空气质量状况改善程度下降是全国范围的；反应指数 Z3 有 10 个省份是上升的，21 个省份则是下降的，情况远不如 Z1 理想。看来，在环境综合治理活动中，

对“投资治理”的关注要明显弱于“减少排放”。

表 2-7　10 省份各指数 3 年平均值排序

省份	2011—2013 年平均值排序（高—低）名次			
	综合指数 Z	压力指数 Z1	状态改善指数 Z2	响应指数 Z3
北京	1	1	21	4
西藏	2	2	16	1
上海	3	3	9	5
广东	4	4	4	3
海南	5	5	11	10
新疆	27	29	3	19
内蒙古	28	28	27	2521
河北	29	24	31	21
山西	30	30	29	26
宁夏	31	31	28	29

表 2-8　10 省份综合绩效指数 3 年来变动情况

省份	大气环境治理绩效综合指数 Z			2013 年比 2011 年升 / 降
	2011 年	2012 年	2013 年	
北京	0.97	1.34	1.32	升
西藏	0.54	0.73	0.81	升
上海	0.40	0.66	0.54	升
广东	0.37	0.54	0.40	升
海南	0.29	0.41	0.26	降

新疆	-0.33	-0.18	-0.43	降
内蒙古	-0.45	-0.12	-0.61	降
河北	-0.35	-0.17	-0.87	降
山西	-0.52	-0.37	-0.96	降
宁夏	-0.59	-0.27	-0.16	降

表 2-9　10 省份各项指数 2013 年相对 2011 年变动情况

省份	2013 年和 2011 年各指数对比			
	压力指数 Z1	状态指数 Z2	响应指数 Z3	综合指数 Z
北京	升	降	升	升
西藏	升	降	升	升
上海	升	降	升	升
广东	升	降	降	升
海南	升	降	降	降
新疆	升	升	降	降
内蒙古	升	降	降	降
河北	降	降	升	降
山西	降	降	降	降
宁夏	升	降	降	降

四、PSR 模型下大气治理结论与建议

（一）大气环境治理的成绩与问题

基于以上大气环境治理绩效实证分析，可以反映出近年来大气环境治理的一些成绩：一是绝大部分省份都高度关注“减排管理”，大气环境压力状况持续缓解。2011 年至 2013 年，10 个省份的压力指标 9 个省都是正向变化，说明在减少二氧化硫、氮氧化物、工业烟（粉）尘等大气污染物排放方面普遍受到重视，取得了较好的效果。二是个别省份的大气环境治理已经进入了良性循环。

北京、上海、广东三个省份，不但综合绩效指数 Z 和分项指数 Z1、Z2、Z3 均排名靠前，综合绩效指数也有所增长，呈现出“压力—状态—反应”三角关系较好的平衡协调状态。

但同时也反映出不少问题：一是大气环境治理绩效两极分化的不平衡状态比较明显。在大气环境治理重点地区和经济发达地区，大气环境治理绩效水平相对较高，且绩效呈增长之势。在西部不发达地区，不但大气环境治理绩效普遍水平较低，且呈下降趋势。这也说明我国的大气环境治理尚处于初级阶段，并没有全国"一盘棋"地整体推进，而是呈现出"强者愈强""弱者愈弱"的两极分化格局。二是大气环境治理活动存在"厚此薄彼"的现象，没有体现出综合治理和系统治理。从指标变动情况来看，在降低污染物排放方面成绩显著，这很大程度上和近年来普遍将污染物减排纳入地方政府考核有关，在考核指标牵引下，各省份减排的积极性较高。与此形成鲜明对比的是，在大气污染治理相关的燃气投资、集中供热投资、工业污染源治理投资等治理周期较长、治理效果体现相对滞后的治理活动方面，热情和持续性显得不够。三是大气环境治理绩效近年来整体并无改善，大气环境治理存在长期性和艰巨性。和 2011 年相比，2013 年综合绩效改善的只是少数省份。究其原因，是状态类指标"拖了后腿"，响应类指标的改善又不尽如人意。而状态类指标又是大气环境治理的"结果"类指标。"过程待善、结果又不佳"，这充分说明中国大气环境治理还有较长的路要走。

（二）大气治理的相关建议

一是完善大气环境绩效考评方法。要在国务院 2014 年发布的《大气污染防治行动计划实施情况考核办法（试行）》的基础上，按照"压力－状态－响应"的逻辑关系，进一步做好考核指标之间的归类、捋顺考核指标间相互关系、揭示指标间的互动影响，并基于历史数据统计分析，进一步检验各指标权重设置的科学性和合理性。通过这些工作，修订《考核办法（试行）》，推动办法的有效执行和应用。

二是扩大大气环境治理重点区域的范围。将那些综合绩效指数排序靠后、近年来又呈下降趋势的省份纳入国家重点治理、监测的省份范围中，率先推动全面系统的大气环境绩效考核。

三是实现大气环境综合系统治理。要在大气环境治理短期措施和长期措施之间作好有效平衡，除了通过对高污染单位关停、限产，以及全面实施排放考核等见效快的降低污染物排放措施外，还要完善污染治理投资的持续保障机制，在技术创新、更新改造、产业结构和能源消费结构调整方面多下功夫。

四是做好大气环境治理的长期准备。由于多年的粗放式发展模式，中国大气环境质量改善注定是一个长期、艰难的过程，对此要做好充分的思想准备。短时间的减缓“压力”和有效“反应”类活动，未必能带来大气环境状态“立竿见影” 的改善。必须认清长期性和复杂性，持续不断努力坚持，才能换来大气环境状态的无逆转改善。

五是推广先进省份的经验。对于大气环境治理措施得当、效果明显的省份，要系统、全面总结相关经验，并推广到全国其他省份，尤其是西部大气环境绩效欠佳的省份，并依据先进省份治理经验，进一步完善大气环境治理法规和政策。

第四节　PSR 模型的雾霾影响因素分析

近年来，雾霾对人们生活的影响日趋扩大，容易引发交通事故、空气质量下降等诸多问题。2013 年 1 月，全国出现大面积雾霾现象，成为城市生活的极大隐患。刘鸿志[1]认为雾霾的影响不容忽视，因此对于雾霾影响因素的研究，对于进一步了解雾霾成因及日后的治理防范工作有着重要的意义。目前国内外对雾霾研究比较重视，相关学者从不同方面对雾霾进行了深入研究。国外学者 GIULIANELLI L[2]、HERCKES P[3] 对雾霾的化学组成进行了详细研究，ROSMERI P, ROCHA DA[4] 对雾霾气候特征的模拟，WANG Youliang[5] 对不同地点雾霾的比较、JEREMY P[6] 等对雾霾事件的评估。国内学者主要对雾霾的气候特征、成因、治理对策进行研究，也说明了雾霾对于城市发展影响的重要性。通过对雾霾的影响因素进行研究分析，国外学者 WILLIAM R C[7] 通过对层积云与雾霾动力学机制影响雾霾形成，国内学者主要是通过分析颗粒物影响源

---

[1] 刘鸿志．雾霾影响及其近期治理措施分析 [J]. 专家观点，2013(15):30-32.

[2] GIULIANELLI L, GILARDONI S, TAROZZI L, et al. Fog occurrence and chemical composition in the Povalley over the last twenty years[J]. Atmospheric Environment, 2014(98): 394–401.

[3] HERCKES P, MARCOTTE A R, WANGA Y, et al. Fog composition in the Central Valley of California over three decades[J]. Atmospheric Research, 2015(151): 20–30[4] USPA.Air Qualily Index Reporting[R/EB]. Washington:USEPS,1999(08).

[4] ROSMERI P, ROCHA DA, GONCALVESF L T, et al. Fog events and local atmospheric features simulated by regional climate model for the metropolitan area of São Paulo, Brazil[J]. Atmospheric Research, 2015(151): 176–188.

[5] WANG Youliang, ZHANG Jinwei, MARCOTTEA A R, et al. Fog chemistry at three sites in Norway[J]. Atmospheric Research, 2015(151): 72–81.

[6] JEREMY P, AURORE P, ADRIAN L. An observational case study of persistent fog and comparison with an ensemble forecast model[J]. Boundary-Layer Meteorol, 2015(155): 301–327.

[7] WILLIAM R C, BRYANB G, HEEVER S D. Fogs and stratocumulus clouds[J]. International Geophysics, 2011(99): 179–242.

和细微粒子、雾霾主要污染物，同时运用统计分析方法、不同气候因素等分析了雾霾影响因素，尚无对城市雾霾影响因素的系统分析，因此，本节以上海市 7 个区为研究对象，通过 PSR 框架建立城市雾霾影响因素评价指标体系，利用 PSR 模型中人与自然平衡系统，综合全面地分析了关于城市雾霾的影响因素以及各区空间差异分析。

一、PSR 框架与雾霾影响因素

上海是中国第一大城市，在经济、交通、科技、工业、金融、航运等方面在全国处于领先水平，但同样受到雾霾的影响，因此，对于上海市雾霾影响因素的研究具有重要的现实意义。本书以上海市杨浦区、浦东新区、虹口区、静安区、黄浦区、普陀区、徐汇区 7 个区为研究对象，采用 2013 年上海市 7 个区的空气监测数据以及上海市 2014 年统计年鉴和统计公报上的指标数据，分析上海市各区雾霾影响因素，同时对各区影响因素空间差异进行分析，为上海市雾霾治理提供参考建议。

PSR 模型能有效反映雾霾的影响因素。首先，人口、经济的增长对于雾霾形成产生压力；其次，在这种压力的驱动下，城市雾霾影响因素会表现为 PM10、PM2.5、SO_2、NO_2 等气体状态；最后，管理者会针对雾霾压力采取相应的措施。近年来，PSR 模型被广泛应用于土地集约利用研究、生态安全评价、资源可持续利用等领域。（图 2-10）阐明了城市雾霾影响因素中人与自然之间的相互作用关系，有效地揭示了各因素对雾霾的影响。

（一）评价指标的建立

本书借鉴根据相关学者研究，选取雾霾影响因素的“压力”层和“响应”层指标，借鉴文献[1]选取雾霾影响因素的状态层指标，通过专家咨询的方法筛选指标体系，见表 2-10，有 3 个子系统和 8 个指标因子。

表 2-10 PSR 框架的雾霾影响因素

目标层	准则层	指标层	含义
上海市雾霾影响因素	压力指标	人口密度（X1）	反映人口与经济对地区雾霾的影响压力
		人均 GDP（X2）	
	状态指标	日均 SO_2 浓度（X3）	年日均浓度
		日均 NO_2 浓度（X4）	
		日均 PM10 浓度（X5）	
		日均 PM2.5 浓度（X6）	
	响应指标	人均绿地面积（X7）	各区绿地覆盖状况
		绿地覆盖率（X8）	

（二）PSR 系统的协调度分析

雾霾对城市的影响是一个持续、动态的过程，而雾霾影响因素要通过反复的观察研究才得以确立。PSR 模型能有效说明一定时期内城市雾霾影响因素中人与自然的相互作用关系。通过对雾霾影响因素的压力、状态、响应各个子系统的分析，有效调整城市雾霾治理的措施方案。为了减少压力、状态、响应各个子系统的偏颇对城市雾霾影响因素产生影响，保持各个子系统变化速率相互均衡，引入协调度函数，判断压力、状态、响应各个子系统的协调状况。公式[2]为：

$$\mathbf{CI} = \frac{A_1 + A_2 + A_3}{\sqrt{{A_1}^2 + {A_2}^2 + {A_3}^2}}$$

公式中：CI 为协调度指数，A_1、A_2、A_3 分别为压力、状态、响应系统的综合得分。公式中：

[1] 彭应登．北京近期雾霾污染的成因及控制对策分析 [J]. 工程研究－跨学科视野中的工程，2013, 5(3): 233–239.

[1] 史丽君，张绍良，王浩宇等．基于 PSR 框架的徐州市城市土地集约利用评价研究 [J]. 国土与自然资源研究，2006(1): 4–5.

$$A_3=\frac{x_7+x_8}{2},\ A_2=\frac{x_3+x_4+x_5+x_6}{4},\quad A_1=\frac{x_1+x_2}{2}$$

（一）上海市雾霾影响因素评价

近些年来，中国经济飞速发展，上海作为中国金融中心，城市发展尤为迅速，工业发展更为迅猛。但城市的发展同样会带来诸多环境问题，而上海市近几年雾霾比较严重，因此对于雾霾影响因素的研究就显得非常重要。上海市区划众多，但由于数据来源有限，因此本书以上海市 7 个典型区为样本，以 8 个二级指标标准化后的数据为变量构造矩阵，采用 SPSS17.0 统计分析软件进行数据处理，计算出矩阵相应的特征值和方差贡献率（见表 2-11）。

表 2-11　总方差分解（提取方法：主成分分析法）

成分	初始特征值			旋转平方和载入		
	合计	方差贡献率 %	累计方差贡献率 %	合计	方差贡献率 %	累计方差贡献率 %
1	5.67	70.82	70.82	4.40	54.97	54.97
2	1.80	22.47	93.29	3.07	38.32	93.29
3	0.37	4.58	97.87			
4	0.13	1.63	99.50			
5	0.26	0.32	99.82			
6	0.14	0.18	100.00			
7	1.70	2.13	100.00			
	-2.17	-2.17	100.00			

根据表 2-11，由特征大于 1 的原则选取主成分，可以选前 2 个特征根为主成分，累计方差贡献率为 93.29%，包含原始变量中 93.29% 的信息。鉴于因子提取结果不能明显地反映主成分所包含的信息，要对其正交方差最大转，得出旋转后的因子提取结果和因子回归系数。并且根据公式确定主成分权数：1V=0.5892，2V=0.4108。再通过旋转后

的因子回归系数，计算每个因子的权重（见表 2-12）。

表 2-12 旋转后的因子提取结果和因子回归系数

因子	因子提取结果（旋转后）		因子回归系数（旋转后）		权重
X1	0.69	-0.72	0.08	0.08	0.02
X2	0.69	-0.72	0.08	0.08	0.02
X3	-0.09	0.96	0.15	0.15	0.20
X4	0.98	-0.18	0.26	0.26	0.15
X5	0.88	-0.11	0.24	0.24	0.15
X6	0.94	-0.04	0.78	0.78	0.18
X7	-0.91	0.40	-0.20	-0.20	0.09
X8	-0.08	0.95	0.14	0.14	0.19

从表 2-12 可以看出，第一主成分对 NO_2 日均值 (X4)、PM10 日均值 (X5)、PM2.5 日均值 (X6)、人均绿地面积 (X7) 4 个指标有绝对值较大的负荷系数，反映上海市雾霾影响因素中 NO_2、PM10、PM2.5、人均绿地面积状态指标；第二主成分对 SO_2 日均值 (X3)、绿地覆盖率 (X8) 3 个指标有绝对值较大的负荷系数，反映上海市雾霾影响因素中 SO_2 状态指标和绿化状况的响应指标。根据公式，以 1V=0.59，2V=0.41 为权数，得到各个区域的综合因子得分，将其进行百分制处理，得到上海市 7 个区的雾霾影响因素的最后得分；同时根据权重、标准化值和公式得到各地区协调度（见表 2-13）。

表 2-13 上海市雾霾影响因素综合得分

地区名称	排名	综合得分	百分制得分	协调度
杨浦区	2	0.66	99.78	1.73
浦东新区	7	-0.17	60	1.68
虹口区	4	-0.19	81.30	1.72
静安区	5	0.43	94.78	1.71
黄浦区	6	-0.54	73.70	1.70
普陀区	1	0.46	95.43	1.73
徐汇区	3	0.67	100.00	1.73

（二）上海市雾霾影响因素空间差异分析

1. 上海市各区雾霾影响因素得分差异显著。上海市雾霾影响因素得分黄浦江两岸差异显著：杨浦区、虹口区、静安区、黄浦区、普陀区、徐汇区与浦东新区雾霾影响因素综合得分差异显著，徐汇区与浦东新区差异最大，徐汇区雾霾影响因素得分 100 分，浦东新区雾霾影响因素得分 60 分，徐汇区得分是浦东新区的 1.67 倍。究其原因，主要是徐汇区等六个区的人口、经济对雾霾所带来的压力远大于浦东新区，浦东新区面积大，人口密度小，且相比其他六个区毗邻闵行、长宁等区域，各区经济发展也相对较好，相互影响作用大；浦东新区绿化覆盖状况相比其他六个区有较大的优势，说明浦东新区绿化状况弱化了浦东新区雾霾的影响；同时浦东新区东临东海，有较大的地理优势，NO_2、PM10、PM2.5 日均浓度明显低于其他六个区，是浦东新区雾霾影响因素得分低的原因。反之，也说明了其他六个区雾霾受这些因素影响较大。

密集区内部得分凸显差异：除了浦东新区，其余六区中，黄浦区综合得分明显低于其他五个区，只有 73.70 分，说明黄浦区的雾霾因素影响程度低于其他五个区，主要原因是黄浦区 SO_2、NO_2、PM2.5 的日均浓度比其他五个区相对较少，同时说明了这些因素对区域雾霾的影响相对较大，从而导致区域间的差异显著。

2. 状态层及压力层是影响城市雾霾的主要因素。在上海市雾霾影响因素研究体系中，首先，以 PM10、PM2.5、SO_2、NO_2 为组成部分的状态层指标权重在所有指标中占 86.8%，指标的数量也比较多，从因子权重可以看出状态层对城市雾霾影响因素最大，尤其是 PM2.5、SO_2 权重影响最大，说明 PM2.5、SO_2 是所有指标中对城市雾霾影响最大的因素，同时反映了在上海市经济发展中，工业经济带来的 PM2.5、SO_2 等污染物对上海市雾霾有着极其重要的影响，因此应该减少工业气体的排放；其次，响应层中绿地覆盖率的权重仅次于 SO_2 的权重，说明管理者在考虑治理上海市雾霾的过程中，认识到城市绿地覆盖对城市雾霾的影响以及雾霾治理有着重要的作用。

3. 上海市各区雾霾影响因素与其 PSR 系统协调度呈正相关。如表 2-14 所示，上海市各区雾霾影响因素与其 PSR 系统协调度呈正相关，相关系数为 0.91，各地区的影响因素对各地区的影响越大，其协调度基本也越高。从表 2-13 得知，普陀区的协调度最高，浦东新区协调度最低，说明了普陀区受雾霾影响最大，浦东新区受雾霾影响最低。

表 2-14　综合得分与协调度的相关性

		百分制得分	协调度
百分制提分	Pearson 相关性	1	0.91
	显著性（双侧）		0.05
	N	7	7
协调度	Pearson 相关性	0.91	1
	显著性（双侧）	0.05	
	N	7	7

PSR 协调指标有效反映了城市雾霾中压力、状态、响应指标间的关系，从上海市七个区的协调度可以看出，普陀区和杨浦区雾霾影响因素中协调度水平较高，但其他五个区与这两个区之间协调度水平相差不是很大，说明上海市各区之间雾霾影响因素的协调度水平相近，总体来说雾霾影响较大。应减少 PM2.5、SO_2 的排放，加大对城市绿地的管理，有效促进上海市雾霾的治理。

第三章　国家治理理论导向的环境审计评价体系

第一节　政府环境审计

一、国家治理和政府环境审计

当代国家治理理论的研究表明，“政府—市场—社会”三位一体的简约国家治理机制可以满足复杂的现代国家结构的需求。社会公众作为委托人，对国家治理存在内在需求。依据现代治理理论，国家治理的主体是多元的，因此国家治理需要在政府治理、社会治理、市场治理之间进行配置，其中政府治理占据主体地位，是国家治理的核心。政府治理的运行机制具体包括权力配置及运行系统、任务及资源分配系统和问责系统，政府通过这些机制来实现治理。

（一）国家治理的基本概念

国内不同学者对国家治理的内涵有着不同的观点，但这些观点可以被概括为：国家治理是国家权力机构中政府及其代理人作为主体在一定范围内通过政府、市场与社会的相互协调，使得公共资源被有效配置，对国家事务进行控制、管理和服务的过程。国家治理的基本要素是分权和问责，目的在于确保国家经济安全、捍卫国家利益、确保人民权益、维护社会稳定、实现科学发展，一切国家治理活动都是国家意志的体现。

委托代理理论认为，国家治理机制会存在“信息不对称”“目标不一致”和“利益冲突”的内生缺陷：在国家治理活动中，受托人可能会拥有委托人所不知晓的信息，从而造成信息不对称，“逆向选择”和“道德风险”也会因此出现，使得委托代理双方的利益和关系失衡，继而既定的委托代理“契约”无法得到有效履行。公共选择理论将国家治理活动中的主体假设为“经济人”，追求个人利益最大化是他们的目标，而社会公众的目标则是使公共资源分配最有利于社会公众，显然两者的目标是不一致的；政府官员作为代理人在公职上应该代表公共利益，但与此同时其自身还存在着私人利益，而二者往往是冲突的。在政策制定过程中，政府官员有时可能会为了个人利益而违背其职责，造成公共权力的非公共使用，从而干扰国家治理的公正性。由于国家治理机制存在内生缺陷，因此财政预算的滥用、国家治理活动的绩效缺失等问题会不时出现，从而国家的善治需要一个监督控制体系。

（二）政府环境审计的基本概念

在国内，对环境绩效审计的定义有好几种主流的观点，目前还没有统一的意见。政府环境审计总体来说是一种审计控制活动，以提高受托者的环境绩效管理水平为目的，对履行环境受托责任的公共部门按照一定的评价标准进行审查、评价、分析，是包括事前、事中、事后的全程审计监督。政府环境审计从本质上说与财务审计、合规审计不同，它是一种控制活动，以经济性、效率性、效果性为审计对象，目的在于找出存在的问题，提出有效的建议，达到改善管理绩效的效果，以此起到一种控制作用。

（三）基于国家治理理论的环境审计的研究目的

进入工业化社会以来，随着全球经济的迅猛发展，各种环境问题如水质恶化、气候变暖、空气严重污染等日益突出，它们将威胁人类生存与发展。环境问题的解决不仅仅需要环境保护意识的提高，更需要一系列的综合治理措施的方法。作为公共环境责任的受托人，政府对保护环境和治理环境污染有着义不容辞的责任，因此，为了维护公众利益，许多政府审计机构逐渐发展出了专门的环境审计，随着民主与法治的不断发展与完善，环境保护工程项目的绩效得到了公众的关注，政府环境审计是政府审计的发展趋势。与发达国家相比，我国在政府环境审计领域上的研究较迟，属于起步阶段。无论是在理论方面，还是在实践方面，都是相当欠缺的。本章希望在现有研究成果的基础上，能够深化环境绩效审计的研究，对政府环境审计理论体系的丰富和实际工作的开展做出一点贡献。

二、政府环境审计的现状分析

改革开放以来，与经济发展相伴随的是中国社会正合乎逻辑地进入一个深刻的转型时期，生态环境恶化开始制约经济可持续发展。随着生态环境和可持续发展领域大量财政资金的投入，环境审计已纳入各国审计机关的发展规划，并将成为未来审计机关参与国家治理乃至全球治理的重要工具。党的十八大将生态文明建设纳入社会主义建设“五位一体”的总体布局，节约资源、保护环境、维持生态平衡是生态文明建设的主旋律。国家审计机关是生态文明建设的关键力量，环境审计在生态文明建设中大有可为。为守护好生态环境这一重要资源，2015 年 7 月 1 日，中央全面深化改革领导小组审议通过了《关于开展领导干部自然资源资产离任审计的试点方案》和《党政领导干部生态环境损害责任追究办法（试行）》，提出要强化环境保护“党政同责”“一岗双责”[1]，这一系列规定的出台将进一步提高领导干部对节约资源和保护环境基本国策的重视，遏制掠夺式、破坏式开发自然环境等谋取眼前利益的短视行为。

（一）政府环境审计的实施现状

自审计署 2003 年 12 月发布的第 1 号审计公告开始，截至 2015 月共发布 239 份审计公告[2]，与环境审计事项有关的共有 24 份，约占审计公告总数量的 10.17%，见图 3-1。

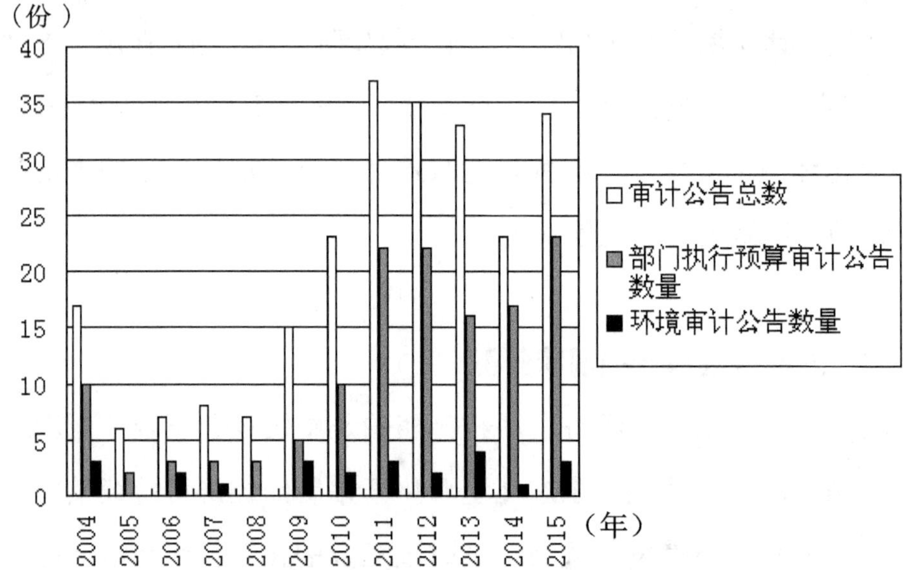

图 3-1　政府环境审计结果公告数量

由图 3-1 可见，部门预算执行审计是目前审计结果公告的主要类型，其数量占审计结果公告总数量的一半以上，政府环境审计结果公告数量相对有限；各年度政府环境审计结果公告并没有呈现出相对稳定的数量特征，与生态文明建设的战略部署相比，政府环境审计实践明显滞后。可能的原因在于政府环境审计在现阶段尚未被列入审计署常规审计类型中，更多地隶属于专项审计范畴。国家审计是国家治理

[1] 马志娟，梁思源 . 大数据背景下政府环境责任审计监督全覆盖的路径研究 [J]. 审计研究 ,2015(15):28-34.

[2] 李璐，张龙平 .WGEA 的全球性环境审计调查结果分析与借鉴 [J. 审计研究 ,2012(03)-39.

的重要组成部分，也是参与生态文明建设的重要监督力量，政府环境审计常态化与高频化势在必行。

（二）政府环境审计结果公告的内容特征

政府环境审计结果公告主要围绕审计基本情况及评价建议、审计发现的主要问题、审计处理及整改情况、审计建议等内容展开，见表3-1。

表 3-1 政府环境审计结果公告构成要素与基本内容

正文结构	基本内容
基本情况及评价	被审计单位或项目的基本情况；被审计周期内项目个数、贷款金额、中央政府拨付金额以及资金使用情况；对项目在环境治理方面取得积极成效进行评价
审计发现的主要问题	项目资金、会计信息及财务管理、工程项目建设进度、环保设施运行效率及达标情况、内部管理、相关监管部门等方面
审计处理及整改情况	对审计发现的问题，审计署在审计报告中详细阐明处理意见，要求被审计单位予以整改
审计建议	为了取得更好的环境绩效，审计署出具的对未来项目建造、资金使用等的指导建议

需要说明的是，根据环境审计项目内容的差异性以及特殊性，审计署对环境审计结果公告的构成要素会进行适当调整。例如，2006 年第 2 号《青藏铁路环境保护资金使用情况审计调查结果》中，特别列示了审计调查的评价依据[1]。从内容上看，政府环境审计重点关注政策、资金、项目等内容，具体来说，主要涉及政策和规划、项目的划定、各级组织和区域对政府环保法规的执行、现行环境政策和工程项目对环境的影响、环保管理系统的有效性、环保预算、政府和外援环保投资的运用、主要项目的成本效益和绩效、环保资源分配的有效性和实施成果、环境报告或相关报告中会计信息的真实、财务收支的合规、环保活动的业绩等。

[1] 董中 . 从审计公告信息视角看环境审计实务 [J]. 财会月刊 ,2012(01):63-66.

政府环境审计的实施现状。2004～2013年十年间审计署公布审计结果公告的统计结果如图3-2所示。从图3-2反映的情况来看我国环境项目的审计，这说明了环境项目的审计在我国逐步得到重视。另外，一些地方审计机关的审计结果公告还不是很完善，如有的缺少部分年度的数据，这也反映了环境项目的缺陷。从审计公告分析来看，由于目前的环境绩效审计大多是以审计调查的形式开展的，这些环境项目审计从其实质来判断大部分是以绩效审计为主，这比较符合我国审计的发展趋势，也说明了我国的政府环境审计逐步得到了实施。从政府绩效审计的领域来看，目前我国的环境绩效审计大部分与水相关，这与我国近年来政府对水环境管理的重视和巨额环保资金的投入有很大的关系，其中监督和评价水环境管理绩效，已成为我国政府审计的一项重要职责。

三、政府环境审计实践的类型

（一）根据环境审计内容分类

根据审计内容不同，政府环境审计主要分为环境财务审计、环境合规审计、环境绩效审计、环境责任审计四种类型[1]。环境财务审计主要反映环保资金预算、拨付、使用等是否科学、及时、合法；环境合规审计主要评估企业经营活动或工程项目是否已经遵循有关环境政策及相关法律制度；环境绩效审计主要针对被审单位或项目环境管理活动（包括资源开发利用、污染防治、生态平衡状况等）的效率性和效果性进行评定。环境责任审计是由审计机关实施的，以与环境治理有关的经济决策和经济活动为载体，依据相关评价标准，审视领导干部

[1] 王素梅．环境绩效审计的发展研究：基于国家治理的视角 [J]. 中国行政管理，2015(14):63-65.

环境责任履职情况。详见表 3-2。

表 3-2　环境审计内容分类

环境审计基本类型	审计结果公告数据	所占比例（%）
环境财务审计	17	40.48
环境合规审计	10	23.81
环境绩效审计	11	26.19
环境责任审计	4	9.52

需要说明的是，环境审计结果公告往往同时揭示环境财务问题、环境合规问题、环境绩效问题、环境责任问题等方面内容。例如，2013 年第 16 号《10 个省 1139 个节能减排项目审计结果》既揭示了少数企业和项目实施单位通过提供虚假信息、编造虚假资料等方式违规申请并获得专项资金属于环境财务审计的问题，又揭示了该项目未达到预期的节能减排效果属于环境绩效审计的问题。在研究过程中发现，环境审计结果公告内容多以财务审计为主导，如表 3-3 所示。

表 3-3　环境审计结果公告内容

	环境合规审计			环境绩效审计		环境责任审计		
	涉及环境财务审计	涉及环境责任审计	独立环境合规审计	涉及环境财务审计	独立环境合规审计	涉及环境财务审计	涉及环境责任审计	独立环境合规审计
审计结果公告数据	8	1	1	6	5	2	1	1
百分比（%）	80	10	10	54.55	45.45	50	25	25

可见，在环境合规审计、环境绩效审计、环境责任审计结果公告数量中涉及环境财务问题的审计结果公告均占半数以上，环境审计结果公告体现出以环境财务审计为主导的综合审计特点，缺乏对环境合规问题、环境绩效问题、环境责任问题的独立审计，国内环境立法和政策的遵循与监督、环境绩效评价体系以及环境责任履职与考核等内容仍不完善，从而影响环境审计效果。

（二）根据环境审计对象分类

根据审计对象不同，政府环境审计主要分为水资源、自然资源（植被、野生动物、湿地、土地）、能源消耗、大气四种类型，详见表3-4。

表3-4　环境审计对象分类

环境审计基本类型	审计结果公告数量	所占比例（%）
水资源审计	7	29.17
自然资源审计	9	37.5
能源消耗审计	6	25
大气环境审计	2	8.33

可以看出，自然资源是政府环境审计的重点对象，其中主要涉及森林植被、野生动物、湿地以及土地资源。在单项资源审计中水资源审计数量最多，表明水环境安全是现阶段我国环境审计的重点。与之对比，大气环境审计结果公告数量仅占8.33%，说明大气环境审计并不是审计实践的主要范畴，显著滞后于雾霾治理的政策导向。事实上，早在2013年，国务院《大气污染防治行动计划》中就已经提出中央财政设立大气污染防治专项资金，但针对大气环境的专项审计仍然未全面展开。

四、政府环境审计发现与整改反馈

（一）环境审计发现违规违纪问题

将2004—2015年政府环境审计结果公告发现的违规违纪问题分为三大类，其中环境资金审计类8份，环境项目审计类11份，环境资源审计类5份。具体分析如下：

1. 环境资金审计类。环境审计结果公告揭示的资金审计类常见违规违纪问题主要包括会计核算、财政补贴申报、项目经费管理、涉嫌违规违法等方面，各方面被占比例如图 3-2 所示。

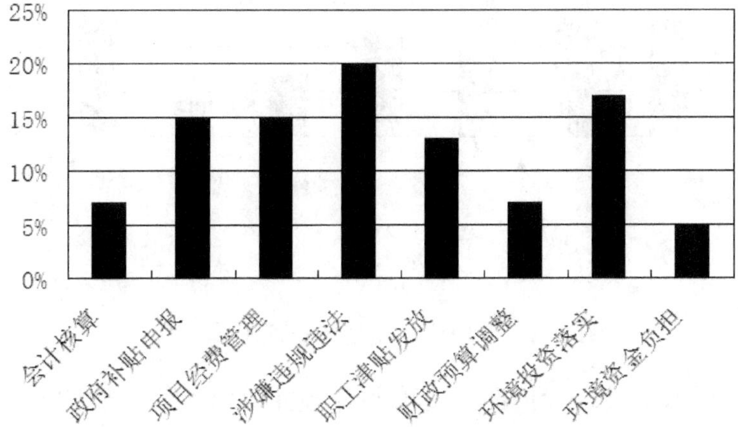

图 3-2 财务收支违规违纪现象

可以看出，依据违规违纪具体表现形式区分，涉嫌严重违规违法的财务收支问题以及环保投资落实情况是环境审计领域高频度发生的违规违纪现象；财政补贴申报、项目经费管理和职工津贴发放等方面也是常见问题。具体而言，部分企业存在多个违规违法现象；部分企业存在编制虚假会计账簿和财务报告、虚报冒领中央财务补贴、未经财政部同意自行调整预算等问题；对部分环保工程企业免除债务的政策未能全面落。

2. 环境项目审计类。环境项目类的违规违纪问题主要集中在项目防污处理超标、运营效果差、损失浪费严重等方面。各方面被占比例如图 3-3 所示。

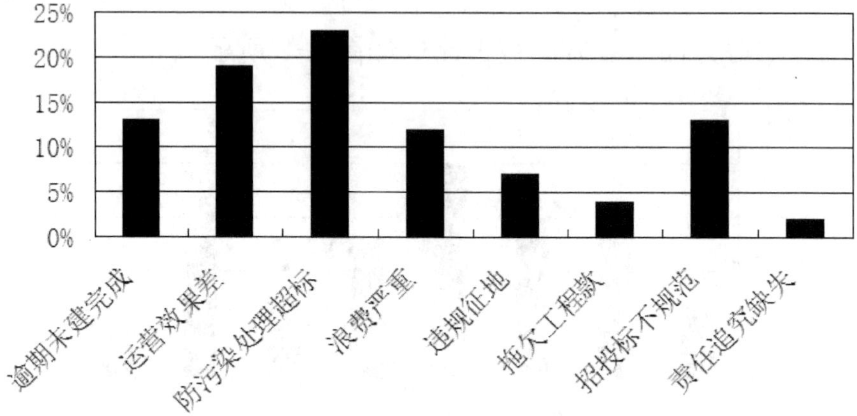

图 3-3　工程项目违规违纪现象

由图 3-3 可知，部分环境工程项目不能正常运营和未达到设计能力，设备闲置问题比较突出，未能执行《招投标法》、未能按照基本建设程序办理工程建设前期各项手续等。环境工程项目审计中最严重的问题存在于项目防污处理不达标，究其原因，这可能与项目监管不严格，擅自减少项目工程内容，降低废水废气排量标准有关，严重影响了项目运营效果，工程项目管理领域的具体内部控制措施亟待进一步加强，改善此类问题也是国家审计契合“反腐、改革、法治、发展”总要求，实施审计监督全覆盖的必然选择。

3. 环境资源审计类。环境资源审计类的问题主要集中在各省市和相关企业水资源污染防治工作、节能减排情况、资源开发利用等方面，各方面被占比例见图 3-4。

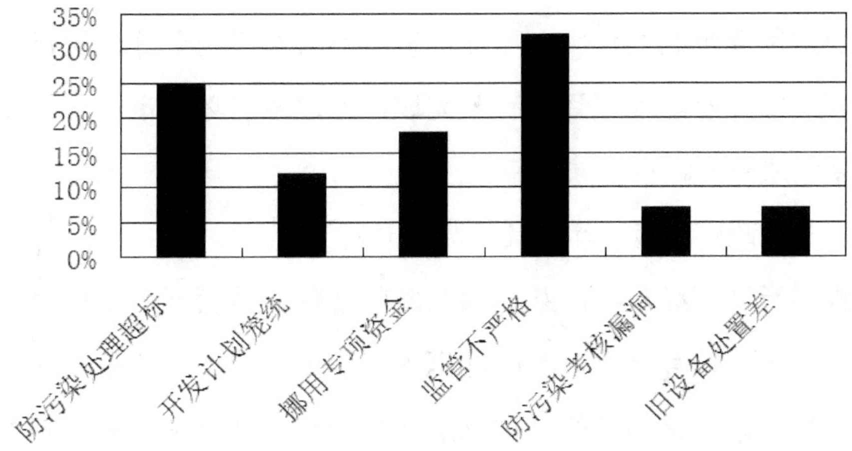

图 3-4　环境资源违规违纪现象

不难看出，部分省市和企业在保护环境资源方面仍然存在资金征管使用不规范、相关部门对其监管不力，淘汰落后产能设备处置不彻底等诸多问题。其中，资金征管问题主要涉及排污费、废水废气处理费征缴问题、部分专项资金未完全按规定用途使用、部分资金使用效益不高等。由此可见，资金的使用和征缴是各类环境审计相对突出的主要问题之一。

五、国家治理对政府环境审计的需求

国家治理的本质是对公共权力的运用，由于国家治理机制的内在缺陷和国家治理过程中存在的问题，公共权力在实际运用中，有可能被用来谋取私利，政府环境项目有可能没有得到有效落实，从而导致社会环境矛盾不能得到显著缓解。

（一）国家治理对政府环境审计的内生需求

政府环境审计是一种管理控制过程。但由于其特殊的职能，与其他部门的经济管理活动无关联，所以它具备独立性，对公共权利可以起到有效的监督制约作用，可促进政府及公共部门更好地履行受托环境责任，即政府环境项目的有效完成，因此政府环境审计是国家治理的重要组成部分。

（二）政府环境审计的具体需求分析

根据新制度经济学，某一项制度的选择及其变迁可以用“需求—供给”的模式进行分析，政府环境审计是国家治理框架下一项重要的制度安排，因此该制度的顺利推进依赖于相关利益主体对此制度的需求。政府环境审计的需求主要来自两个方面：社会公众和政府及公共部门。社会公众作为社会公众资源的委托者。希望政府及公共部门的公共权力能够得到有效监督。从而使政府及公共部门的受托环境责任被有效地履行，因此社会公众对政府环境审计自然有需求。政府及公共部门对政府环境审计同样存在需求，上级单位希望了解下级单位的资源使用效率。政府环境审计恰好可以满足这些需求，基于国家治理理论的政府环境审计的需求产生机制如图 3-5 所示。

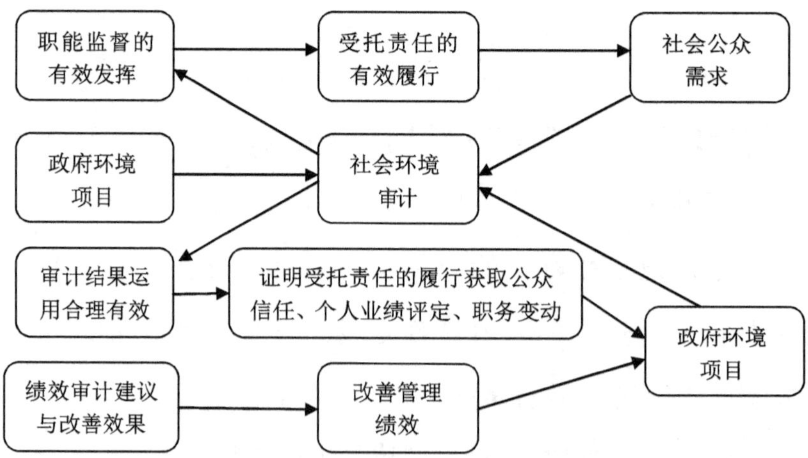

图 3-5　国家治理理论：政府环境审计的需求产生机制

第二节　政府环境审计理论体系

一、政府环境审计的目标

政府环境审计的目标是某个审计项目的起始点和终结点，是政府环境审计中不可缺少的一部分，它对很多方面都有着直接的影响，如审计的范围、内容，审计的方法与技术手段以及最后的审计结论。国家的善治要求政府有效履行受托环境责任，审计的目标正是促进受托责任的全面有效履行。

（一）政府环境审计的总体目标

对于监督和评价政府环境项目而言，它需要一个宏观性的指向，经济性、效率性、效果性、公平性、环境性正是政府环境审计的宏观坐标。政府环境审计的总体目标既有利于改善环境管理，又能使受托环境责任得到全面有效履行，从而有助于实现可持续发展。

（二）政府环境审计的具体目标

政府环境审计的具体目标是审计总体目标的进一步具体化，它是动态的，会随着审计环境和审计职能的变化而变化。从宏观层面来讲，有以下几种：第一，对环境法规政策的科学性和合理性进行评价，找出存在的问题，来帮助有关部门制定更加科学合理的环境法规与制度；第二，对环境管理的组织结构和工作效率进行评价，发现不足之处，提出改进意见；第三，对环境规划的科学性和合理性进行评价，使环境规划的制定更加科学合理。

二、政府环境审计的原则

政府环境审计的原则是政府机构有效进行环境审计工作的基础，它既可以为审计人员提供理论基础，又可以对审计人员进行约束，由此可见它的重要性。环境审计不但具有一般的原则性，如独立性、公正性、审慎性和专业胜任能力等，而且具有自身特有的原则，如以下几项特有的原则。

（一）联合审计原则

环境审计除了涉及绩效审计的专业知识和职业判断外，还涉及环境工程、环境影响等方面的专业知识和职业判断，但对于这方面，审计工作人员往往并不精通。为了审计工作的顺利完成，必须寻求环境方面专家的帮助，让环境方面的相关专家加入审计工作小组，开展联合审计工作。

（二）重视事前和事后审计原则

环境审计与传统的审计工作相比，更加关注事前和事后的审计工作。因为环境方面的决策一旦出现失误就会造成无法挽回的损失，特别是环境损失。所以在对环境项目进行决策之前，有必要对项目进行可行性分析，也就是进行事前审计工作。另外，审计工作小组对某个环境项目进行审计后往往会作出审计建议，但审计建议是否得到有效落实也是公众关心的问题。因此使环境项目实施后相关的环境问题得到及时的改进、环保措施实施到位等事后审计工作也非常有必要。

（三）当前经济利益服从长远利益原则

在评价环境项目时，审计机构要着眼于其未来产生的经济效益及环境效益，这也是可持续发展理论的要求。所以，在环境项目从立项开始到后续各个环节的过程中，当发现当前的经济利益与长远利益发生冲突时，要使之相互协调，当前的经济利益应服从长远利益。

（四）局部利益服从整体利益原则

地球上的生态环境是一个相互联系、不可分割的整体，一个地方环境的变化会影响整个生态环境，所以说全球的生态系统与某个地方的环境有着密不可分的联系。因此，政府在开展环境审计的过程中，必须从整体的利益出发，克服地域的限制，作出合理的评价。

（五）规范性与灵活性相结合原则

由于我国政府环境审计处于起步阶段、相关的审计准则也还处于探索阶段。所以在政府环境审计过程中，在符合基本审计准则的前提下，对审计方法、审计程序可以灵活地选择与运用，为政府环境审计的后续发展奠定一定的基础。

（六）创新性原则

政府环境审计的目标具有经济性、效率性、效果性、公平性和环境性等特点，与传统的审计相比更加多样化。政府环境审计的内容和方法也更加复杂，为了能够更好地完成环境审计工作，充分发挥创新性这一原则显得非常有必要。

（七）定量分析与定性分析相结合原则

环境绩效涵盖了多个层面，如经济绩效、环境绩效、社会绩效等。在进行评价和分析时，有些方面如经济绩效基本可以采取数学模型进行定量分析，但有些方面如环境绩效由于缺乏具体的数据就无法进行定量分析，只能进行定性分析。所以审计工作小组在对环境项目进行评价时，需将定量分析与定性分析结合起来使用。政府环境审计因其自身的特殊性，产生了以上这些原则。政府审计机构想要有效地开展环境绩效工作，就应该严格地遵守这些基本原则。

三、政府环境审计的内容

从国家治理理论出发，需要一种机制对运用公共权力进行社会环境管理的政府及公共部门进行制约、平衡，而政府环境审计就是这种有效的机制之一。从政府环境审计的内容来看，大概可以将其总结为以下几点。

（一）针对环境管理机构的设置及其效率的审计

环境管理机构承担着社会环境管理的责任，其机构设置的合理性和工作效率，对环境管理的绩效有着重大的影响。审计政府环境机构就是对这些内容进行评价，并找出影响环境管理绩效的因素和提出科学的意见。

（二）评价环境法律和政策的科学性和合理性

随着民主意识的增强，环境管理部门逐渐重视通过环境法律来实施环境管理，因此政府环境审计机构对环境法律的科学性和合理性进行评价就很有必要。同时，环境管理机构还会制定一系列的政策来配合环境管理工作的有效开展，以履行公共受托环境责任。

（三）对环境保护项目的绩效审计

随着社会公众和政府对环境保护的日益重视，政府及公共部门对环境保护项目的投资也越来越大。而这些项目是否具备经济性、效率性和效果性自然也就成了人们关注的重点。政府环境审计机构对环境保护项目进行绩效审计正好有助于回答这个问题。

四、政府环境审计的框架体系

建立合理、科学的政府环境审计的应用模型，有助于政府环境审计活动的有效开展，弥补国家治理中存在的问题，达到国家善治的目的。

图 3-6 的应用模式若能实现良性循环，则政府环境审计将促进国家的善治。

基于前文对政府环境审计问题的成因分析得知，制约我国政府环境审计发展的最主要因素为：政府领导、被审计人员对环境绩效审计认识不到位，接受度低；审计机关人员对环境绩效审计的认识不到位；缺乏必要的法律依据；审计评价标准的确立；审计人员不能胜任；政府问责机制不完善。因为政府领导、被审计人员对环境绩效审计认识不到位，接受度低主要与其对政府环境审计的需求相关；审计机关人员对环境绩效审计的认识不到位，审计评价标准的缺乏，审计人员不能胜任与审计机构具体实施环境绩效审计密切相关；缺乏必要的法律依据与审计的依据相关：政府问责机制不完善与问责机制相关，所以应以改善这些影响因素为出发点来构建国家治理理论下政府环境审计的应用模型。

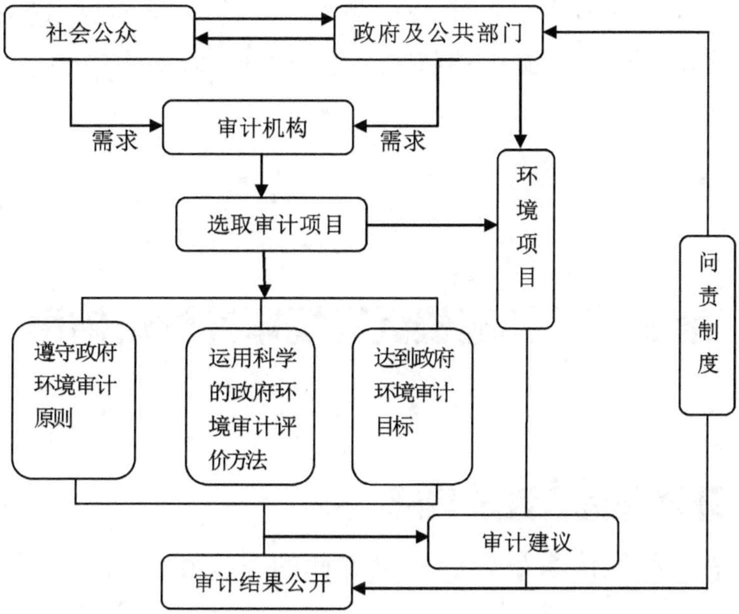

图 3-6　政府环境审计应用模型

从图3-6中可以看到，社会公众将分配公共资源的权力赋予了政府及公共部门，环境项目自然就由其执行。对此，社会公众对政府及公共部门有效履行环境受托责任并接受独立第三方的监督有需求；同时，政府及公共部门也希望通过接受独立第三方的监督建议来促进其环境管理水平的提高，审计机构就是基于社会大众和政府及公共部门的共同需求而产生的。审计机构选择合适的项目进行立项，政府审计机构积极遵守政府环境审计的原则，并运用科学的政府环境审计评价方法，以此来达到政府环境审计的目标。对审计过程中的问题，政府审计机构将积极地提出审计建议，帮助政府及公共部门提高环境管理水平。对于审计结果，政府审计机构应将其公开，让社会公众及时地了解政府及公共部门环境受托责任的履行情况，从而起到社会监督的作用；另外，政府审计机构应针对审计过程中发现的问题对有关部门进行问责，使其承担起相应的责任，以便将来能更好地履行环境受托责任。要是这些都达到了预期的效果，则社会公众和政府及公共部门会对政府环境审计有持续的需求，从而使国家治理理论下政府环境审计的应用模型达到良性循环的状态，进而使国家治理走向善治。

第三节　构建最优环境审计评价体系

一、环境最优模型的构建

环境审计评价体系是开展环境审计的凭借和依据，对于环境审计的顺利实施、有据可依、公平合理具有重要作用。当前，构建环境审计评价体系需要建立起一套有据可依的定量的评价模型。借鉴环境最优模型的基本思路，就是计算当前环境的最优值，并将其作为环境审计的评价标准。计算当前的最优环境值主要包括搜集检测数据、确立最优模型的已知条件、经过计算得出最优值，从而可用其评价环境状况的好坏。

1. 搜集监测数据。数据经过处理，就能成为原始凭证，搜集的监测数据是计算最优环境值的基础。我们想要获得正确的监测数据，就需要具备以下条件：第一，要拥有完备的监测体系和精准的监测仪器。第二，要派人持续记录，以获得数据。第三，大规模数据可以利用计算机进行处理。一般来说，对大范围地区如某一个城市进行环境审计，资金、设备等条件都是具备的。但对某一个村庄进行环境审计评价时，则不一定具备上述条件。当我们进行实验时，如果有条件的话，可以自己增加监测点，以获取更多的监测数据。

2. 确立最优模型的已知条件。目前，在某一个具体的环境领域里，评价模型非常成熟，如地表水质模型、大气环境质量模型、固体废弃物计算模型和噪声计算模型等。我们在建立环境审计评价模型时，可以借鉴这些成熟的具体的模型。目前存在多个环境审计评价模型，均可用于计算环境指标 F。

举一个例子：

设：F 表示二氧化硫排放量（吨）；Q 表示二氧化硫排放时间（小时）；表示二氧化硫平均排放量（立方米 / 小时）；Y 表示二氧化硫密度（吨 / 立方米）。

某大气正常标准值区间范围为（$V \pm B / 2$），其中 V 表示发布的标准数，B 是政府规定允许的上下变动范围。

各个标准值都可以从相关政府颁布的文件中找到：地表水正常标准值可以从《地表水环境质量标准》找到、大气正常标准值可以从《环境空气质量标准》中找到。如果某项指标的实际值不在正常标准值的区间，那么说明这项指标存在问题。为了不造成评价结果的错误估计，在计算环境审计最优值时，我们可以不计算这项指标，但我们需要在环境审计报告中注明这点。

采用各种办法计算最优值 U。第一步，构建最优环境值。根据各项环境指标的检测值和政府发布的标准，我们可以构建一个最优环境值 U, 公式如下：

$$U=\sum_{i=1}^{n}\ (\frac{F_i-V_i}{B_\mathrm{i}}) \tag{3-1}$$

注：F 为各类实际检测到的环境指标数额，V 是发布的标准数，B 是政府规定允许的上下变动范围。这个公式其实还是比较好理解的，各类指标实际检测值减去标准数得到一个该项指标的差额，差额再除以可变动值，表明可实现的目标的百分比。把各项百分比加起来就是最优环境值。当各类环境指标检测值 F_i 和理想值 V_i 相等时，最优环境值 U=0。也就是说 U 越接近于 0，审计出来的环境状况越好。|U| 值越大，说明环境状况越恶劣，我们需要做的努力越多。

第二步，改进最优值公式。公式（3-1）简单明了地计算出最优环境值，但也存在着缺点：一是它没有考虑不同的环境指标所占的比重是不同的，二是其分子只是简单的减法，会抵消掉应有的数值。

所以，我们还需要改进公式（3-1），结果如下：

$$U=\sum_{i=1}^{n}W_\mathrm{i}(\frac{F_i-V_i}{B_\mathrm{i}})^2 \tag{3-2}$$

式中：W_i 是各类环境指标所占整个指标的权重。我们可以看到公式（3-2）和公式（3-1）相比多了两个变化，而这两个变化也刚好是与公式（3-1）的两个缺点相对应的。第一，增加了不同环境指标的权重，这样考虑得更全面，计算出的U也更加符合实际。第二，对公式（3-1）中的分数加平方可以防止正负抵消，有助于减少误差。不过公式（3-2）也有不足之处：权重的取值不同导致结果不同，我们所用的权重不一定符合实际；加平方会把数据扩大，偏离一部分事实。

第三步，预测最优环境值。某一个要素对环境的影响不是短期的，而是长久的，这意味着环境状况如何是可以预测以及对它的预测是有根据的。在这里，我们使用指数平滑法来预测下一阶段的最优环境值，公式如下：

$$U_{t+1}=U_{\mathrm{i}}+\alpha\ (U_t-U_t^{'}) \quad (3\text{-}3)$$

注：U'_{t+1} 是下一阶段最优环境值的预测值；U_t 是当前阶段的最优环境值；U'_t 是上一阶段对当前阶段预测出来的最优环境值；α 是平滑系数，通俗地讲就是误差调整系数。把各期最优质的预测值和检测值的差额几何平均就能得到平滑系数 α 。利用指数平滑的方法，对环境进行连续预测，以反映环境未来的发展趋势，这样可以及时地采取措施应对未来环境变化。

二、环境最优模型的应用

宁波市是浙江省副省级城市，长江三角洲的南部一角和化学工业基地。宁波市总面积为9816平方公里，2010年人口达到760.57万人。2011年，宁波市实现生产总值6010.5亿元。改革开放以来，宁波这个美丽的港城展现出巨大的经济活力和潜力，但伴随着经济发展而来的是环境保护的问题。在此，我们可以借助环境审计评价模型的应用来了解宁波地区环境保护的程度。

（一）监测宁波地区的环境数据

从资料中得到的环境审计监测数据的详细内容如表 3-5 所示。

表 3-5 2010—2012 年宁波地区环境审计相关数据

年份	工业废水排放量（万吨）	工业二氧化硫排放量（吨）	工业烟尘排放量（吨）	工业固体废弃物综合处理率(%)	空气质量达标天数（API<100）（天）
2010	17735	128709	27970	83.50	343
2011	18970	109840	28386	89.66	334
2012	19797	152601	31816	89.34	323

（二）计算宁波地区最优环境值

2010 年宁波地区的最优环境值如表 3-6 所示。根据表 3-6，我们可以计算出 2010 年宁波地区的环境审计最优值：$U=3\times0.3675^2+2\times0.3418^2+2\times0.3940^2+1\times(-0.2200)^2+2\times(-0.4125)^2\approx1.3380$。

表 3-6 2010 年宁波地区最优环境值

指标	实际检测数据（F）	理想标准数(V)	可取上下限范围(B)	权重（W）	F-V	(F-V)/B
工业废水排放量（万吨）	17735	17000	2000	3	735	0.3675
工业二氧化硫排放量（吨）	128709	127000	5000	2	1709	0.3418
工业烟尘排放量（吨）	27970	26000	5000	2	1970	0.3940
空气质量达标率（天数）	343	365	100	1	-22	-0.2200
工业固体废弃物综合处理率(%)	83.5	100	40	1	-16.5	-0.4125

2011 年宁波地区最优环境值如表 3-7 所示。根据表 3-7，我们可以计算出 2011 年宁波地区的环境审计最优值：$U=3\times0.0555^2+2\times0.4800^2+2\times0.2772^2+1\times(-0.3100)^2+2\times(-0.2585)^2\approx0.8535$。

表 3-7　2011 年宁波地区最优环境值

指　　标	实际检测数据（F）	理想标准数（V）	可取上下限范围（B）	权重（W）	F-V	（F-V）/B
工业废水排放量（万吨）	18111	18000	2000	3	111	0.0555
工业二氧化硫排放量（吨）	109840	107440	5000	2	2400	0.4800
工业烟尘排放量（吨）	28386	27000	5000	2	1386	0.2772
空气质量达标率（天数）	334	365	100	1	-31	-0.3100
工业固体废弃物综合处理率(%)	89.66	100	40	2	-10.34	-0.2585

2012 年宁波地区的最优环境值如表 3-8 所示。根据表 3-8，我们可以计算出 2012 年宁波地区的环境审计最优值：

U=3×0.2750+2×0.1710+2×0.1750+1×（-0.4200）+2×（-0.2663）≈0.6648

表 3-8　2012 年宁波地区最优环境值

指　　标	实际检测数据（F）	理想标准数（V）	可取上下限范围（B）	权重（W）	F-V	（F-V）/B
工业废水排放量（万吨）	19797	19247	2000	3	550	0.2750
工业二氧化硫排放量（吨）	152601	151746	5000	2	855	0.1710
工业烟尘排放量（吨）	31816	30941	5000	2	875	0.1750
空气质量达标率（天数）	323	365	100	1	-42	-0.4200
工业固体废弃物综合处理率(%)	89.34	100	40	2	-10.65	-0.2663

（三）宁波地区的环境审计评价

环境审计最优值越小，表明环境审计结果最优，当环境审计最优为 0 时，说明此时的环境审计结果是最优的。在“计算宁波地区最优环境值”部分，环境审计最优值从 1.3380 向 0.6648 变化，从中我们可以知道环境审计评价结果越来越好。那么这当中变化的因素是什么呢？如果从排放量来看，无疑是 2011 年最好，但由于每年的工厂数量在变化，经济产值在增加，所以每年的标准都是不同的。从 F-V 中，我们可以看到环境审计最优值的变化因素。2010—2012 年，工业废水排放量、工业二氧化硫排放量、工业烟尘排放量均相对理想标准在降低，这说明宁波地区经济不断发展，对于“三废”的控制和管理越来越严。

基于国家治理理论的政府环境审计体系逐步走向完善。其中有几点我们是可以展望的。一是环境审计信息化、透明化。21世纪是一个信息时代、网络时代，因此应利用信息技术来健全环境审计体系。环境审计信息化指的是网络信息技术，将环保、审计和水利等相关部门涉及环境审计的信息都纳入网络系统，建立一套数据共享的办公系统，促进环境审计公开化、透明化，降低环境审计风险。这样不仅使得环境审计部门与其他部门能够信息共享，而且能提高审计的主动性，加强事前审计和事中审计。环境审计信息化是一个非常复杂的过程，它要确保数据的真实性，还要保证网络系统的安全性和稳定性。同时，在不断的发展中，要加强内部控制，创新审计手段。但是无论它多么艰巨，促进环境审计信息化、透明化这条路是我们势必要走的。二是环境审计规章制度成熟化。随着可持续发展战略的提出，我们已经建立了一套相关的环境审计法律法规。虽然闹得轰轰烈烈，但实际上没有脚踏实地。究其原因，是没有将环境审计纳入日常审计范围，从而导致环境审计难以纵向发展。那么，应该如何做呢？我们可将环境审计纳入领导人执政期间经济责任审计的一个方面，在提高其法律地位的同时增加环境审计的事后审计。环境审计除了要向审计对象提供审计意见，还应该向审计授权人指出环境审计中的具体问题，列出解决措施，甚至可以提醒他若不整改会受到法律惩罚。

第四节 影响政府环境审计的因素

一、政府环境审计利益相关者分类

政府环境审计的利益相关者是指能影响政府环境审计的目标实现、程序、报告与要素等的个体或群体。在正常情况下，直接影响企业经济活动的是内部利益相关者，其他的则是外部利益相关者。

（一）内部利益相关者

内部利益相关者一般而言针对实施审计的主体内部，由于政府环境审计的实施相关主要是国家审计机关，因此政府环境审计的内部利益相关者包括审计机关和审计机关人员。政府环境审计的内部利益相关者与政府环境审计有关，一方面，政府环境审计直接对相关部门、单位或企业的环境活动进行评价、激励和问责；另一方面，政府环境审计有利于保护和提升环境质量，并促进公众，包括政府环境方面的认知和保护环境的意识。同时，政府环境审计机关人员的业务素质、专业素养、业务能力等，也决定和影响着政府环境审计实施效果和评价效率。因此，各级政府环境审计机关及其人员，是政府环境审计的同倍利益相关者。

（二）外部利益相关者——监管机构

外部利益相关者与内部利益相关者不同，因为外部利益相关者受到更多的限制。在某些情况下，外部利益相关者有能力影响企业。比如，企业的任何政策与活动都必须符合国家政策法律法规的限制，不得做出违法行为，否则会受到法律限制，有被法律惩处的风险。一旦做出违法行为，企业的形象就会严重受损，对于一个企业而言，形象是非常重要的。因此形象是一个企业的无形资产，一旦被损坏，会影响到企业的客户关系，因此，企业需要环境审计来规避这种风险。

当然之前讲的是监管机构的强制性措施，但是对更多的外部利益相关者是以激励为基础的。比如，监管机构对实行环境保护政策较好的企业进行物质或非物质奖励，这些激励会促使企业去实行环境审计，从而规避可能产生的风险并获得监管机构的奖励，提升企业的实力。在另外的情况下，企业为了维持或者提高非正式关系、累积政治资本，会被监管机构所影响。企业主动采取环境保护措施，会获得政府机构的赏识，从而更容易与政府形成合作关系，并探索更多的非监管方式，从而达到政府所期盼的环境改善、促进可持续发展目标的实现。这些合作可以提高企业与政府、监管机构之间的信任度，可以促进环境保护能力的提高。对于一个企业来说，在监管机构眼中有着良好的信誉非常重要。比如，当企业与政府官员谈判关于即将到来的法规条款时，这些信誉就会给企业带来较大的政治资本。

（三）外部利益相关者——社会群体

外部利益相关者除了监管机构之外，更广大的一个群体便是社会群体，如公众、社会团体与工会等。这些外部利益相关者可以利用舆论压力来影响企业行为。环境保护爱好者可能会组织抗议活动来谴责企业不符合环保行为，从而迫使企业从事环保行为。一个企业的行为必然会影响这个群体，自然也会影响周边的环境，如果一个企业做出违背环保要求的行为，会引起周边群体的抗议。社会利益相关者可能会呼吁社会抵制该企业的产品，从而迫使企业进行生产工艺改良，这自然也会促使企业进行环境审计。

二、政府环境审计利益相关者的关系

在我国，政府由人民委任产生，代为管理国家，服务的对象是人民。因此，政府环境审计是接受公众委托对国家管理者承担的公共受托责任进行的经济监督行为。政府受托人民，进行环境的管理治理工作，人民委托政府进行环境治理工作，这就是政府与公众的受托责任关系。因为公众与政府的信息不对称，公众不能完全获得信息，公众知情权使得公众想要知道政府活动。在这里，公众作为委托者，政府作为被委托者。公众想要知晓政府是否进行了正常的环境治理活动、进行的活动是否符合公众的要求，此时就需要政府环境审计。

（一）政府环境审计利益相关者的关系

政府环境审计的外部利益相关者关系如图 3-7 所示。

（二）外部利益相关者对政府环境审计的影响

第一，政府。从政府环境审计的概念中可以看出，政府是该概念中重要的存在，也就是说，政府是政府环境审计中重要的存在。政府环境审计是以政府为主导进行的环境审计，此时的政府既是政府环境审计的主体，也是政府环境审计的客体。政府在整个审计中起着事前、事中、事后的监督与审查功能。

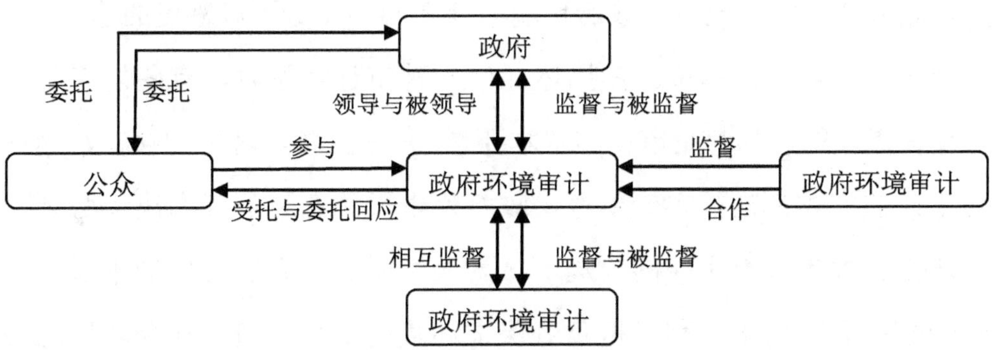

图 3-7　政府环境审计的外部利益相关者关系

从政府环境审计的二元论目标分析，可以看出政府与政府环境审计的另一重要关系。政府环境审计的本质目标是指环境审计要跟随国家经济建设、环境建设的总步伐，国家经济建设、环境建设的方针政策是政府制定的，因此此时的政府是政府环境审计进行的基础；政府环境审计的具体目标是指政府环境审计要监督政府环境资金的使用情况，要评价其环境工作的真实性与效益型、合法性，从该定义中可以看出政府作为重要的客体，也就是被审计的对象。政府环境审计主要是审计监督政府资金的使用情况。也就是说，政府环境审计要监督政府，同时政府也制约着政府环境审计。

从外部利益相关者的分类可以看出，企业为了维持良好的政治资本，必须与政府打下良好关系，向政府展示自身良好的信誉。此时的政府作为期盼环境改善的主体，对企业起到了约束作用。

除此之外，审计机关隶属于政府，受到政府的管理与约束，受到政府资金的限制。因此，政府与环境审计之间并不是平等的关系，而是领导与被领导的关系。但是，审计有一个重要的特征就是必须保持独立性，独立性指的是形式、本质上的独立，因此审计机关还需要对政府进行审计，若政府的行为过于出格，则审计机关必须指出政府的错误之处。此时的政府与政府环境审计之间存在着不可避免的矛盾。

第二，被审计单位。在描述任何一种审计类型时，有些内容是必定要被提及的，那就是审计的基本要素 —— 主体与客体的存在，而任何审计的客体都是被审计单位。政府代表人民意志的行为决策必须建立在符合大多数人利益的前提下，为人民服务是政府工作的本质。政府一般掌握着民主工程，担负着保护环境的重任。随着社会环境的恶化，政府手中掌握的资本就会被用来解决环境问题。政府在保护环境、治理环境的过程中存在不存在违法违纪行为，有没有偷工减料，有没有虚报金额，这些都难以为人知晓。正因为这样，才需要独立的第三方来监督制约它，此时政府环境审计就随之发展起来。只有通过政府环境审计，才可以知道政府是否做出了不当行为，是否滥用了资源，出具的报告还可以给政府提供建议以及让民众的知情权得以实现。

正因为这样，被审计单位与审计机关之间存在着监督与被监督的关系。但是不管是人还是企业都是利益驱动的，因此这两者必然存在利益上的冲突。被审计单位会想尽办法掩盖存在的问题，从而逃避舆论与法律的管辖；审计单位必须找出其中的问题并提出建议。这两者之间不可避免的矛盾使得被审计单位更需要明白政府环境审计其实是为被审计单位本身着想的，只有找出问题所在，才可以对症下药，有效解决问题，促进被审计单位的蓬勃发展。

第三，公众。公众是外部利益相关者中重要的一个存在，他们可以利用舆论压力来影响政府行为。环境又与公众息息相关，每个人都生活在环境之中，每时每刻都受着环境的影响，环境质量过差，会诱发许多问题，如身体健康问题、心灵健康问题。因此，公众关心环境，会抵制破坏环境的行为。公众有选举权与被选举权，如果政府行为超出公众预想太多，该政府自然不会受到公众的欢迎；公众也有言论自由与游行的权利。因此，如果政府不保护环境，甚至做出破坏环境的行为，或者在决策实行中，出现贪污、滥用资金等行为，公众自然会做出相应行为，比如通过言论争取权利、通过游行表达心愿；最重要的一点是，公众的基本权利之一便是监督权，也就是说，对于公众来说，监督政府行为、监督审计行为都是宪法赋予的权利。

政府环境审计是指对政府与企事业单位环境管理系统与经济活动

产生的问题进行评鉴，它承担了公众的期望，因此公众与政府审计之间存在监督与被监督的关系，政府环境审计被委托了重任。

第四，监督部门。政府环境审计单靠公众的舆论监督是不够的，在历史上，有法德并重的治理模式。对于一个国家而言，单靠舆论压力治理环境是不够的，还需要强制性手段。此时，监督部门就会发挥出巨大作用。纪检监察机关、公检法等都是监督部门，跟政府环境审计之间的监督与合作的关系。监督部门监督政府环境审计，监督它的整个过程与结果是否存在违法行为，是否违背了法律法规，是否违背了国家政策，一旦发现问题，审计机关就会受到法律的惩处。监督部门与政府环境审计机关又存在合作的关系，它们共同努力，一个威慑被审计单位，一个检查被审计单位，一旦发现被审计单位存在问题，可能及时揪出并解决问题。

（三）内部利益相关者对政府环境审计的影响

1. 审计机关。政府环境审计的审计机关主要是国家审计机关，也是政府审计机关，最高审计机关是一个国家中拥有最高审计权力的机构。政府政策是审计机构的起点，如果一直没有制定政策，那么审计可能无法进行或者变得十分困难。由于最高审计机关不是政策制定机构，它们从政府的政策文件中获得审计标准，如政策说明、法律法规，这些来自国家批准的规定或者任何其他正式的政府文件。在审计中，最高审计机关给予那些制定不清楚或不完整的政策以关注，这可以鼓励政府改进问责制度以及提升政策的透明度。

最高审计机关的一般授权，几乎都可以应用到所有政府部门，包括环保部。审计机关是政府环境审计的主体，在执行审计业务时，它应当具备以下资格条件：①有法定的审计职责和权限；②有能力胜任工作的专业审计人员；③有必需的经费和其他工作条件。从审计机关应当具备的条件中可以看出，审计机关的能力、质量控制制度都会直接影响政府环境审计的质量。

2. 审计机关人员。审计人员的能力与原则直接影响政府环境审计的过程与结果，他们是审计活动的直接参与者。审计人员必须具备一定的职业道德准则才可以胜任审计工作。①保持独立性。若审计人员素质低下，不能保持应有的独立性，极易被干涉，则审计结果会偏离应得结果；如果审计人员具有贪污受贿之心，则审计风纪会被败坏，致使以权谋私现象泛滥。②审计人员应当合理运用审计知识、技能和经验。若审计人员业务素质不过关，则无法获得正确的审计结果；若审计人员马虎做事，则会使得结果偏离正轨。

三、政府环境审计利益关者的筛选

在指标体系的设计与筛选中，比较典型有的 AHP（Analytic Hierarchy Process）法（层次分析法）与 KPI(Key Performance Indicator)法（关键绩效指标法）。主要设计思路根据政府环境审计相关利益者进行设计。根据两个大类进行相关设计，也就是内部利益相关者与外部利益相关者的相关内容进行设计。据此筛选出重要指标，选取重要指标进行影响方向的确定以及权重的计算。

（一）指标筛选方法

1. 关键绩效指标法在政府环境审计中的应用。本节采用 KPI 法，对政府环境审计的利益相关者进行层次分解，基本思路如下。

①根据政府环境审计的内外利益者关系的具体划分确定关键的指标领域。根据本节的主要研究对象以及利益相关者的分类，确定以政

府环境审计为中心，以内部利益相关者与外部利益相关者为导向的内部利益相关者的选择、外部利益相关者的抉择两个关键大类。

②采用问卷调查的形式，在内部利益相关者、外部利益相关者两个领域中选择并确定关键性价指标，从而确定最终的指标体系。在确定具体单项指标的过程中，通过频度统计法，对目前相关文献中政府环境审计的相关利益者进行梳理，选择使用频度相对较高的指标，并对各项指标进行整理与筛选，选择针对性以及系统性较强的指标。

2. 层次分析法在政府环境审计中的应用。AHP 法的步骤如下：

第一步，构建判断矩阵 A=（a_{ij}）$_{n\times m}$, i=1, 2, …, n; j=1, 2, …, m。

九级标度法是 Saaty[1] 提出的，他把各因素之间的重要性分为九级，如表 3-9 所示。

表 3-9　九级标度法——标度的含义

标度	含义
1	因素 i 与因素 j 同样重要
3	因素 i 与因素 j 稍微重要
5	因素 i 与因素 j 较强重要
7	因素 i 与因素 j 强烈重要
9	因素 i 与因素 j 绝对重要
2, 4, 6, 8	两相邻判断的中间值
倒数	因素 i 与因素 j 的反比较

a_{ij} 具体根据 KIP 调查过程中的专家意见以及文献资料频度分析确定。

第二步，计算矩阵一致性指标 *CI*。$CI=\frac{\lambda\max-n}{N-1}$, *CI* 值越大，表明矩阵偏离完全一致性的程度越大；矩阵阶数越大，矩阵一致性指标 *CI* 值越大。

[1] Saaty，T.L.The Analytic Hierarchy Proccess(McCraw-Hill Company，1970).

第三步，计算一致性比例 CR。$CI = \frac{CI}{RI}$。其中 RI 表示平均随机一致性指标，其指标值如表 3-10 所示。当 $CR < 0.10$ 时，判断矩阵具有可接一致性。

表 3-10　1-6 阶矩阵平均随机一致性指标值

N	1	2	3	4	5	6
RI	0	0	0.58	0.90	1.12	1.24

第四步，层次总排序，即计算判断矩阵的最大特征向量。

（二）指标筛选

先查阅相关文献，确定了一些出现的利益相关者，经过归纳与整理之后，挑选出两大类 20 项指标，形成初步的《政府环境审计利益相关者重要性的问卷调查》，并通过纸质样本发放、电子邮件等方式进行问卷调查。回收问卷之后，进行初步的数据归纳与整理，筛选出两大类 8 指标，并确定影响方向。

第二次筛选的主要目的是将最终得出的《政府环境审计利益相关者交互重要性的问卷调查》中的指标按重要性排序，同样地，将最终筛选后的指标制成有关问卷，通过电子邮件、纸质稿件的传递等方式寻求专家的意见，请求专家根据其重要程度进行打分，打分的依据主要是九级标度法，并根据每一项指标得分的高低排序，以便最后确定指标权重。

分析问卷之后，筛选出外部利相关者指标 4 个，内部利益相关者指标 4 个，得出的影响方向如表 3-11、3-12 所示。

表 3-11　外部利益相关者对政府环境审计的影响

指标	政府	被审计单位	公众	监督部门
影响方向	正相关	正相关	正相关	正相关

表 3-12　内部利益相关者对政府环境审计的影响

指标	审计机关人员	审计机构	执行力度	执行方式方法
影响方向	正相关	正相关	正相关	正相关

从表 3-11 中得知，外部利益相关者对政府环境审计的影响都起到了正相关的作用。政府对政府环境审计正相关影响的一个表现为：政府独立性越强，政府环境审计的过程与结果越好。被审计单位对政府环境审计正相关影响的一个表现为：被审计单位越配合，员工专业素养越高，政府环境审计过程与结果越好。公众对政府环境审计一个正相关影响表现为：公众环保意识越强烈，政府环境审计的过程与结果越好。监督部门对政府环境审计的一个正相关影响表现为：监督部门监督越给力，政府环境审计的过程与结果越好。

内部利益相关者与外部利益相关者对政府环境审计的影响一样，都呈现正相关（见表 3-12）。审计机构越遵守准则，了解国家政策，控制质量力度越大，政府环境审计的过程与结果越好。审计人员的专业素养越高，敬业意识越强，独立性越好，不受诱惑的能力越强，政府环境审计的过程与结果越好。

综上所述，对政府环境审计的影响分为外部利益相关者的影响与内部利益相关者的影响。外部利益相关者与内部利益相关者共同影响政府环境审计的各方面。无论是外部利益相关者还是内部利益相关者，都对政府环境审计起到了不可磨灭的影响，两者缺一不可。外部利益相关者主要是政府、被审计单位、监督部门与公众。这四者都对政府环境审计起作用。政府与政府环境审计之间是领导与被领导、监督与被监督的关系；被审计单位与政府环境审计之间是相互监督的关系；监督部门与政府环境审计之间是监督与合作的关系；公众与政府环境审计之间则是受托与委托的关系。不管是政府、被审计单位，还是监督部门、公众，都与政府环境审计是正相关关系。监督体系加强，政府环境审计的过程与结果受到的监督也会加强，政府环境审计的准确性就会提高；公众关注度加强，公众知情意愿加大，政府环境审计准确性与效益性也会提升。这四者的权重分配是政府 > 被审计单位 > 监督部门 > 公众。因此，政府起到的影响作用最大，应该着重关注政府对政府环境审计的影响，以及监督部门的监督影响。内部利益相关者主要是审计机构、审计机关人员、审计执行力度与审计方式方法。这四者都和政府环境审计有正相关关系，因此，要加强审计机构的体系建设和审计机关人员的素质培养，提升审计机关人员的专业素养与道德素养。

第四章　企业社会责任导向的环境审计评价体系

企业社会责任(Corporate Social Responsibility，简称CSR)，是构建企业与社会和谐关系的一种基本思想，包括劳动者权利保障、产品服务质量、环境保护、社区贡献等多方面内容。企业社会责任是近年来社会各界关注的热点，在我国，越来越多的跨国公司和上市公司，包括英特尔（中国）公司、中国石油天然气集团公司、中国铝业公司、苏宁电器公司等纷纷发布了自身的社会责任报告，中央电视台、凤凰卫视、新浪网、扬子晚报等媒体也先后开展了“最具社会责任感企业”的评选活动。在国际上，随着SA 8000等企业社会责任体系作为新的国际市场规则被逐步接受，越来越多的跨国公司把履行企业社会责任作为生产订单的附加条件。为提高我国企业在国际市场上的竞争力，促进企业自觉履行社会责任，对企业社会责任情况进行审计监督是一种值得探索的治理手段。

第一节　企业社会责任环境审计

一、企业社会责任导向下环境审计的提出

一系列环境问题和生态灾难刺激着人类敏感而脆弱的神经，逼迫人类进行深刻的反思。世界各国在追求社会经济繁荣的同时开始更多地考量经济社会活动对环境的影响。各种具有前瞻性的资源环境理论以及社会理论陆续被各国学者提出并被广泛采纳，诸如可持续发展理论、环境承载力理论、人口合理容量理论、人地关系理论及企业社会责任理论。这些理论的普及以及政府的环保呼吁使得民众意识得以觉醒，他们开始关心自己的家园，关注周边企业不合规的污染行为，与此同时，政府也加大了对企业环境污染的处罚力度，以杜绝企业环境公害事件。在这样的背景下，企业内部开始审视自己的经营行为，对自身经营行为的环境影响作评估，承担企业有关环境的社会责任，以规避政府的环境审查和民众监督所可能引起的声誉风险。由此，企业社会责任导向下的环境审计逐渐发展起来。

二、企业社会责任导向下环境审计的定义

企业社会责任的概念最早由美国人谢尔顿（Oliver Sheldon）于1924年提出。谢尔顿把企业社会责任与企业经营者满足内外部各种人的需要的责任联系起来，认为企业社会责任含有道德因素，这种崭新的哲学思想主张企业经营战略应对社区提供有利于增进社区利益的服务，社会利益作为一项衡量尺度，远远高于企业的盈利。

各国学者对社会责任审计的定义不尽相同。美国学者米切尔·谢

勒和大卫·肯特合著的《审计和受托责任》将其定义为“强化组织社会受托责任的工具，以便组织的管理者解释、辩护其决策”。日本学者番场嘉一郎（1985）将其定义为“社会责任审计是有别于财务审计和管理审计的一种崭新的审计，它是一种检查企业履行社会责任的审计”。英国学者 J. Santocki（1983）认为，“社会责任审计是对一个组织的社会意识进行独立而客观的审查和评价，这种社会意识主要表现在企业除对股东承担责任以外，还应接受社会责任”。我国学者阳秋林教授（2004）认为，企业社会责任审计是以维持人类可持续发展为目标，由专门的审计机构积极主动地接受政府、社团和社会个人的委托，采用科学合理的方法和手段，对企业所履行的各种社会责任进行有效审计，以审查和监督企业更好地履行社会责任。

三、企业社会责任的理论研究

关于社会责任审计的目标，代表性的观点有以下几种：

（1）社会责任审计是企业在经营活动所涉及的领域中衡量企业绩效和表现，并评价与报告那些传统的企业财务报告未涉及方面的成果及影响（Alexander, G. J. & Buchholz, R. A., 1978）。

（2）社会责任审计是企业对社会责任进行的回顾，其宗旨是确保能够更全面、广泛地了解和掌握受企业活动直接或间接影响的企业社会责任目标和实践，以便在企业社会责任方面调整过去的相关目标，确定新的目标（Vinten, 1990）。

（3）社会责任审计能够检查企业的道德目标与财务目标是否一致，当企业向利益相关者阐述自己的道德价值观时，社会责任审计能够使企业更具有说服力，使利益相关者信服和接受（Dawson, 1998）。

（4）我国学者认为，社会责任审计应该更加关注经济目标与社会目标的统一，目的是保障并推进宏观与微观经济的健康运行（陆建桥，1994）。

Johnson(2001) 指出，在美国，委托对企业社会责任进行审计的机构主要有以下三类：第一类是投资基金组织。这类组织对企业进行社会责任审计，一是为了将资金投放在那些有社会责任感、道德水准较高的企业；二是对企业施加压力，促使企业遵守投资者要求的标准。例如，美国的许多投资基金先对其欲投资的企业进行道德审计，然后再进行投资。第二类是社会公共利益监督机构，如社会责任同盟、环境保护协会、消费者权益保护协会，等等。这类组织对企业进行社会责任审计的目的是为消费者、投资者、政策制定者和雇员更好地进行经济决策提供信息，同时也对企业起到监督的作用。例如，美国的经济优先问题委员会 (Councilon Economic Priorities) 对企业的社会责任审计开展得较早，从 1975 年开始就定期向公众公布企业道德方面的相关信息。第三类是企业自身。诸如 Texas Instruments、IBM 及 Marksand Spencer 等具有较高道德水平的公司，每年都开展道德审计，并形成文件公布。

支持公司披露社会责任信息的理论主要包括两种观点，一种观点是企业声誉理论，该理论认为履行社会责任的状况与企业形象有着密切的关系，大公司成为企业社会责任披露的“主流”，其披露社会责任信息的价值体现为企业的一种声誉战略，并认为是一种必不可少的手段 (AbagailMaw-illiams & Donald Siegel, 2000)；另一种观点是公共关系价值理论，该观点认为公司社会责任报告作为一种沟通工具，社会责任信息可以影响信息使用者或利益相关者愿意（或不愿意）

与信息提供者建立、维持或改善某种关系的态度(Jenny Dawkins，2004)。Goyder.G(1961)分析了企业开展社会责任审计的动机，即所谓的“原因三角”：①公共利益和受托责任。企业不仅要选择采用某种形式的社会责任披露作为其了解和应付社会环境的方法，而且还要通过鉴证对构成该环境的各方相关者的需求做出反应。②利益相关者管理人员。管理人员为了在社会中生存和取得成功，就需要知道社会上正在发生什么，人们对组织有什么看法，以及如何更好地影响那些看法。③企业中存在的价值转移。企业可以在社会中发展并承担不同的历史角色。HankvanLui-jk(1995)认为，企业可能会拥有一系列从事某种形式的SERRA(社会和道德的会计、审计与报告)的原因，包括阐明和增强价值、建立一条判断变化的基线、了解社会期望、识别特殊的问题、理解为什么能激励职工和识别脆弱的区域，等等。

Carroll.A.B(1979)提出了社会责任审计的三个维度：①社会责任的种类。依据对企业的重要性排列，分别是经济、法律、道德和自身的社会责任。②企业应对社会问题的方式。分别有对抗哲学(reaction philosohpy)、防御哲学(defense philosophy)、适应哲学(accommodation philosophy)和先动哲学(proaction philosophy)四种类型。③社会问题本身。主要有消费和服务问题、环境保护问题、歧视问题、产品安全和工作安全问题以及股东利益问题。美国审计总署的E.B.齐塔茨在20世纪80年代末期所著的《二十一世纪展望》一书认为，随着社会责任会计的广泛应用，审计人员将会对下列三类问题进行审计：①发展某项事业的能源消耗对整个社会是否值得。②社区和工人的生活水平是否因某些事业的开展而得到改善。③某些行业的收益包括它们生产的产品和劳务，提供的利润和工资是否值得社会为在污染和消耗稀有资源方面付出代价。在实践中，社会责任审计主要包括道德素质评价、行为审查、利益相关者审查、公司道德管理制度和措施审查、道德困境解决方法审查、员工个人品质和所处环境评估等方面(Kaptein，Muel，1988)。我国学者认为，社会责任审计的内容应该包括企业对职工、消费者、政府、公众履行责任情况的审计，履行环保、生态责任的审计以及经营者遵纪守法情况的审计（阳秋林，2004)。企业对职工、国家、消费者的社会责任本身即属于企业负责人经济责任审计的内容，社会责任审计的最佳切入点是将社会责任审计融入企业经济责任审计（刘长翠，2006)。

最早提出的社会责任审计的方法被称作社会平衡表的成本或费用审计方法(Blake.D.H.，1976)，而目前应用的是社会会计方法，这是一种更接近客户或利益相关者的方法(Allied Dunbar，1996)。社会责任审计程序一般从三个方面进行：一是对相关的文件和记录进行审计（包括企业内部的各种成文文件、企业外部的公共机构记录及新闻媒体的报道)；二是对企业的利益相关者进行问卷调查（包括公司员工、专家、顾客、经销商、供应商和投资者等)；三是对企业的实地检查和审核。有的公司还采用了实质性检查与排除性检查相结合的方法。但学术界普遍认为，企业道德研究相对经营研究而言，是个比较新的研究领域，对企业社会责任和道德践行的评价还有待于进一步发展(Broadhurst，Arlene，2000)。

尽管社会和道德会计、审计与报告的漫长历史使其特征表现为众多的令人困扰的标准，但制定标准也会有潜在的收获，社会责任审计的标准系列包括强制立法、非强制立法、民间外部审核、自愿法则和领导者基准(Gray.R.H.1991)。目前影响比较广泛的标准是社会责任国际（Social Accountability International）公布的SA8000标准。在欧洲，生态管理与审计方案（EMAS）已经被欧洲委员会采用并被提倡为最佳实务标准，而且它正被越来越多的在欧洲经营的公司所采用。一些地区性乃至全国性的行业组织和非政府组织制定了劳工标准和人权标准，如FLA（公平劳工社会守则）、WAPP（环球服装社会责任守则）、IC-TI（国际玩具商协会守则）、ETI（道德贸易行动守则），等等。此外，美国经济优先权委员会、比利时伊莎贝尔协会和英国的新经济基金等也制定了企业社会责任方面的国际标准。

第二节　企业社会责任环境审计理论框架

一、企业社会责任导向下环境审计的理论框架构建

企业社会责任环境审计框架以企业社会责任为轴心，企业社会责任推动环境审计的发展与完善，同时环境审计又促进企业履行社会责任，如此反复循环，进而减少企业的环境风险，促进经济可持续发展（如图4-1所示）。包括环境责任的广义受托责任更接近环境审计的本质，这既体现了审计的特点，又突出了环境事项。因此在基础理论研究的基础上，构建基于企业社会责任环境审计框架，加强对环境审计应用理论的研究进而指导环境审计实践，具有重大的理论与现实意义。构建企业社会责任环境审计框架旨在督促企业履行社会责任、加强对环境审计应用理论的研究、实现生态环境可持续发展目标，主要包括企

业社会责任环境审计目标、审计主体、审计内容、审计技术与方法、审计标准、审计报告等。

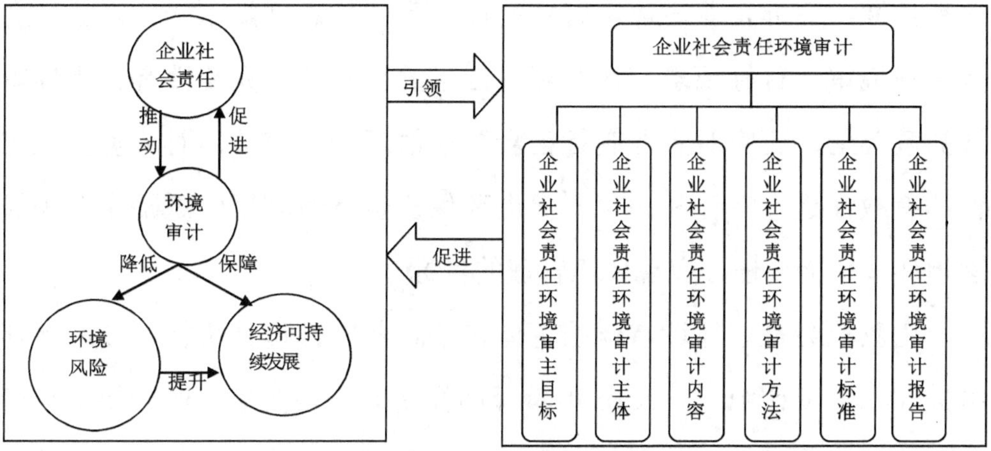

图 4-1　企业社会责任环境审计理论框架

二、企业社会责任环境审计的目标与主体

企业社会责任环境审计目标是审计行为活动的出发点和归宿，是构建企业社会责任环境审计框架的首要内容。基于可持续发展观和受托责任观，企业社会责任环境审计是对企业有关的环境事项、环境管理行为、环境管理系统、环境信息披露等的合法性、真实性、效益性进行审计，以解除被审计对象的受托环境社会责任为目标。企业社会责任环境审计对企业的经济责任和环境责任做出了要求，分为总体目标和具体目标。总体目标是企业社会责任环境审计最本质的要求，是企业履行社会责任的最终体现，包括促进我国环境立法体系的完善、监管部门环保措施的执行和社会环保意识的提高，使企业能有效地履行环境保护和管理责任，从而实现经济可持续发展战略。具体目标是对企业与环境有关的具体事项和经济行为的要求，主要包括审核企业

与环境有关的经济行为是否违反环保法律法规，审查企业所提供的环境报告和其他相关信息资料是否真实完整，评价和监督环境管理工作的有效性，评价企业与环境有关的社会责任信息披露水平。企业社会责任环境审计目标要求，在对环境信息的真实性、完整性等合规性审计的基础上，还应对企业履行社会责任情况进行监督，对环境管理工作的有效性进行审计和评价，促进环保资金有效利用，激励企业积极承担环境社会责任，实现环境管理的目标。

企业社会责任环境审计的主体包括企业内部审计机构、政府审计机关和社会审计组织。2015 年新《环保法》开始实施，明确要求政府对环境承担监督管理的责任，企业有义务防治污染和其他公害，社会有权要求信息公开和公众参与。

环境问题与人类社会发展息息相关，对于环境审计范围也应涉及方方面面。我国环境审计体系主要是由政府环境审计、民间环境审计和内部环境审计构成，目前我国环境审计以政府环境审计为主。由政府审计机关组织实施，一方面因为环境保护的行政化，政府是环境项目的重要投资者，环境问题与人类的生存问题紧密相连，如何处理好两者的关系政府对其起着决定性作用；另一方面因为企业作为营利性组织，在追求利润的同时容易忽略环境问题，而政府可以通过采取一系列环境法律、法规来规范企业经济活动，对于违法行为可以进行处罚，具有强制性。民间审计作为独立的第三方，对企业履行环境责任状况进行监督，披露企业环境信息，充分发挥其独立、客观、公正的作用，是受托经济责任发展到一定阶段的必然产物。当今社会大力倡导绿色、和谐、安全的环境理念，要求企业在经营活动中减少环境污染、减低污染物排放，而且投资者在进行投资时也会考虑企业的环境风险，因此，就要求企业履行保护环境的责任并披露相关的信息，这些信息的完整性、合法性都需要注册会计师进行验证，并对企业的环境风险进行评估。对企业内部实施环境审计的目的是监督企业是否履行受托环境保护责任并对其履行过程及结果进行客观评价，企业的管理当局是环境责任的主要承担者。我国环境审计过于偏向政府环境审计，较少涉及企业及其他微观主体的内部审计问题，事实上，单靠政府进行强制性审计，已经不能满足当前的需要，必须集结企业这类微观主体的力量才能有效地推动环境审计持续深入地发展。因此，要积极鼓励企业自愿地进行环境审计，加强内部环境审计的研究。企业和政府应该共同承担环境保护的责任，以政府环境审计为主导、民间审计和内部审计积极配合，以此建立完善的环境审计体系，实现 1+1+1>3 的协同效应。

三、企业社会责任环境审计的内容与方法

企业社会责任环境审计的主要内容包括企业在履行环境社会责任过程中，对环境资金预算执行情况，环境经济活动和管理活动的合规性、合法性、真实性、

完整性和效益性审计，以及企业内部环境管理系统的审计，以确保环境保护内部控制有效运行。资源环境审计是对人类生存所需要资源的审计，也是环境审计，二者在本质上是相同的，只是中心点、参照系以及质与量的考察角度不同（商思争等，2016）。王海兵指出，随着社会经济的发展，人们的环境保护和权益维护意识不断提升，不积极承担社会责任或履行社会责任不当的企业将会给社会经济系统带来严重的负外部性，良好的社会责任内部控制系统可以提升企业风险管理水平，挖掘企业潜在的内部价值，推动经济可持续发展。开展环

境内部控制审计能够保证环境审计的质量，并促进企业积极履行社会责任。传统环境审计的内容往往是针对某一特定的资源、项目等进行的审计，很少关注人的行为责任的影响。环境保护作为企业受托责任之一，企业环境社会责任审计也可以说是对企业环境受托责任进行审计，强调企业在环境保护中应当履行的社会责任。环境问题可能导致企业重大错报风险和可持续经营风险，《中国注册会计师审计准则第1631号——财务报表审计中对环境事项的考虑》要求注册会计师对被审计单位披露的环境信息进行审计并发表审计意见，审计人员必须考虑被审计单位的环境管理问题，了解环境保护要求与问题，了解与环境事项相关的内部控制，考虑与环境事项相关的法律法规，检查被审计单位的环境绩效报告、环境审计报告以及其他与环境事项关联的政策、文件和档案资料。2008年环保部门在《上市公司环境信息披露指南》中明确指出上市公司环境信息披露的主要内容和报告方式，在一定程度上影响了企业的经营决策，因此与环境有关的社会责任信息披露也是环境审计的内容之一。

环境审计技术与方法和环境审计质量密切相关，它决定了环境审计质量。环境审计人员通过一定的技术和方法，检查审计对象并收集相关证据，对照环境审计的准则来编写环境审计报告，得出审计结论，并对此相应地提出科学的意见及建议。恰当地使用环境审计技术与方法，能有效保障环境审计的质量，有利于环境审计工作的顺利开展。审计人员应根据企业的具体情况采取不同的环境审计方法，主要包括：①环境管理SWOT分析法。是指按照矩阵形式把被审计对象在实施环境管理过程中的内部优势、弱势、外部机会、威胁这四种因素展现出来，结合系统的分析方法对四种因素相互匹配并对其分析，进而得出相应结论。该方法可以指出企业在经营过程中应注意的环境事项，并进行初步的风险评估，为进一步实施环境社会责任实质性测试提供基础。②以财务为导向的审计模式。是指以被审计单位的环境财务报告为基础，研究经济活动结果产生的原因，对企业履行社会责任的情况和绩效进行审计。主要可以采用观察、复算以及验证等审计方法，同时借助一些评价指标从量的角度对环境问题进行分析。在分析时，审计人员可以结合多种分析方法，从各个层次、不同角度对财务报告进行全面分析并做出客观评价。③以项目为导向的审计模式。是指以企业有关环境方面的项目为线索，评价项目在实施过程中的效果，找出问题存在的原因，并提出相应解决方法的一种手段。此外，企业环境社会责任审计的主要技术方法有：投入产出分析法，研究企业经营过程中与环境有关的投入与产出的关系；环境费用效益分析法，通过权衡环境效益与费用来评价项目的可行性，该方法大多应用于研究拟建项目或者已建项目对环境质量的影响；环境费用效果分析法，这种方法能找出达到预期环境目标所付出的最低费用，而且在费用一定的情况下，还可以最大限度地帮助企业选择改善环境质量的策略。

四、企业社会责任环境审计的标准与审计报告

企业社会责任审计环境社标准是开展环境审计工作的法律依据，是环境审计法规标准及评价体系。为了提高企业对社会责任认知的意识，加强环境管制，国家出台了一系列有关环境保护的激励性和惩罚性措施。我国的环境审计理论研究与实务操作处于探索阶段，相关社会责任环境审计标准尚不健全。2009 年审计署出台《关于加强资源环境审计工作的意见》，进一步强调了资源环境审计的重要性；2014 年，

我国印发《党政主要领导干部和国有企业领导人员经济责任审计规定实施细则》（中办发〔2010〕32号），这是促使企业履行社会责任强有力的方式。目前，国际标准化组织制定的环境管理体系通用标准（ISO14001）和针对大企业更加严格的欧盟生态管理与审核法案（EMAS）是两类主要的环境认证标准。在此制度框架下，制定社会责任环境审计准则可以规范环境社会责任审计行为，使社会责任环境审计的执行和社会责任的认定有章可循。企业社会责任环境审计准则是审计机构和审计人员在开展社会责任环境审计工作时必须执行的准则和规范，与常规审计标准相比，社会责任环境审计标准的专业性更强；评价社会责任环境审计证据所运用的标准应具有特殊性，相关调查、分析还需要聘请外部的环保评估机构、环保智库和环保专家参与，所以制定社会责任环境审计准则具有特殊的重要意义。我国社会责任环境审计准则主要应包括基本准则、具体准则、外勤工作准则和审计报告准则四部分。基本准则是对环境审计人员任职资格、专业胜任能力、职业道德等方面的要求，是社会责任环境审计工作开展的前提。目前，我国具备专业胜任能力的社会责任环境审计师十分缺乏，制约了我国社会责任环境审计的发展，因此需要加强我国社会责任环境审计师职业胜任能力框架的研究，大力培养高级复合应用型社会责任环境审计人才。具体准则应根据环境审计主体的不同分为三个层次：政府社会责任环境审计准则、民间社会责任环境审计准则、内部社会责任环境审计准则。各个层次的社会责任环境审计准则应分别包括以下内容：审计范围和职责、审计方法和程序、审计意见类型、审计报告语言表述规范。外勤工作准则对审计计划阶段和终结阶段提出了要求，要求调查被审计单位的基本情况、内部控制情况、对项目审计的重要性和存在的风险程度以及对后续审计做出合理的评价。环境报告审计准则要求环境审计报告与财务报告或环境报告的整体相关，提出被审计单位必须要重点关注的问题，并做出合理的解决方案；对表达的各种结论应注意其语言表达方式；由传统的审计方式转变为跟踪审计，逐步建立健全社会责任环境审计跟踪反馈机制。

企业社会责任环境审计报告是开展社会责任环境审计后取得的重要成果。刘旭红（2011）认为环境审计报告是社会审计组织、内部审计机构、国家审计机关根据环境准则、法律、法规对审计对象实施必要的审计程序后出具的，用来对其受托环境责任的履行情况发表审计意见的书面文件。基于社会责任视角的企业社会责任环境审计报告是环境审计执行者对被审单位履行社会责任情况的正式文本，根据审计内容进行分类，主要包括企业环境财务审计报告、环境合规性审计报告和环境绩效审计报告。环境财务审计报告是一般审计报告的继承，又在一般审计报告的基础上有了一定发展，对相关的内容和信息应做出特别说明和表外披露。环境财务审计报告应包括企业有关环境资金来源、资金数量、资金投向、资金使用情况，有关环境资产、负债、费用的真实性，环保或有负债的评估等，揭露环境问题对企业财务状况、经营成果的影响。环境合规性审计报告的内容包括企业遵守环保法规和达到环保标准状况，履行环境社会责任情况，环境目标责任制情况，已发现的和潜在的环境危害问题、造成问题的原因以及采取的措施，获得的成果和亟待解决的问题等。环境绩效审计报告的内容包括散发到空气和土壤水中的废弃物、噪声、环境事故、环境成本和环境收益等环境目标和指标的定量数据，以评价其效率性、经济性和效果性。审计机构和人员应“以事实为依据，以法律为准绳”，独立客观地出具企业环境社会责任审计报告，对审计对象的环境社会责任发表意见，为落实社会责任追究提供环境审计依据。如有必要，还可以出具中期社会责任环境审计报告，或安排后续社会责任跟踪环境审计。

第三节　企业社会责任环境审计指标体系

企业社会责任导向下的环境审计是一项庞大的系统工程，要组织起企业社会责任导向下的环境审计，必须首先进行审计项目的梳理，其次给每个分离出来的审计项目建造一套科学的审计指标体系，有了审计项目和审计指标体系，还必须选取合适的审计方法，组织完整的审计流程，直至最后出具审计报告。

一、环境审计指标选取的内容

本章在此将审计项目归集为五类，每类的侧重点如表 5-1 所示。

表 4-1　企业社会责任环境审计项目

项　　目	审计重点	采纳原因
企业财务报表	环境清理设备价值 企业环保生产设备价值 利润表中环境治理成本 营业外支出中的排污罚款等 营业外收入中的环境奖励 企业环境赔偿数额	企业财务报表是对企业进行环境审计的最直观的信息来源。企业采用的环保设备以及用于环境治理的设备能够反映出其对环境影响的重视，而企业花费的环境治理成本以及营业外所缴纳的排污罚款或者环境奖励更是能直观地反映出企业的环境业绩
企业所处行业	行业性质 行业生命周期 行业经济附加值	行业性质是企业一切环境影响的基础，行业生命周期和行业经济附加值能够反映出一个行业的全貌，决定企业未来的环境影响
企业业务模式	重点关注企业业务流程每一方面对环境的影响 企业重要建设项目环保评价	企业的生产流程是由原料采购到最后产成品销售的全部过程，第一个工序都可能对环境产生重大影响，企业重要建设项目反映了企业未来的发展方向，可以从侧面反映出企业的环境影响
企业环境外部性	评测企业对环境造成的直接影响 企业对废弃物的处理 企业开工时间 周边居民对企业总体评价	企业社会责任导向下环境审计的一个原因就是企业活动具有外部性，企业活动与外部发生关联时才能体现出企业环境管理的价值
企业内部环境管理绩效	企业文化中有关环境意识的部分 员工环保意识 节能减排行动 节约意识	企业高层的环保意识能够主导企业内部员工的环境意识，而普通员工的环境意识能够决定企业内部的环境意识

二、构建环境审计指标体系

环境审计指标体系依据表 5-1 梳理的审计项目按照适当比例制定出来，满分为 120 分。

（一）环境审计指标体系的构成

企业所处行业以及业务模式决定了企业对环境的主要影响，是对企业进行环境评价所不可回避的板块，因而被赋予较高的比例，各占 30 分。此外，企业财务报表中包含的与企业环境审计有关的信息以及企业对外部环境的外部性影响是企业环境绩效的直观表现，在此被赋予相对较高的分数，各占 25 分。尽管企业内部环境管理绩效对企业整体的环境表现不起决定作用，但还是对企业影响起到很好的参照作用，因此被赋予 10 分。具体评分细则如下：

A 企业财务报表审计（30 分）

A1 企业是否购置环保相关设备（6 分）

A2 企业是否缴纳环境罚款（6 分）

A3 企业是否缴纳排污费用（6 分）

A4 企业是否涉及环境赔偿（6 分）

A5 企业是否有相关环境奖励（6 分）

B 行业环境审计（30 分）

B1 企业是否属于高能耗行业（10 分）

B2 企业行业所属生命周期（10 分）

B3 企业行业排位对比分析（10 分）

C 业务模式审计（25 分）

C1 企业原材料或产成品性质（7.5 分）

C2 企业生产过程中对污染物的控制（7.5 分）

C3 业务模式是否可持续（10 分）

D 环境外部性审计（25 分）

D1 企业是否遭到周边居民投诉（7.5 分）

D2 企业是否受到社会舆论公开谴责（7.5 分）

D3 企业是否受到政府相关部门指责（5 分）

D4 企业生产经营环境（5 分）

E 企业内部分环境管理绩效审计（10 分）

（二）指标评分说明

对于上述指标体系，A ～ D 均采用按细分指标合计分，而对于 E 则采用单项指标取分。打分后将企业每个部分的得分加总，加总之后，可以根据企业所获取的总分所在区间结合企业实际情况出具环境审计意见，初步将企业环境表现分为四种类型。

（1）企业得分在 80 ～ 100 分。企业环境表现良好，能够有意识、有目的地控制自身行为对环境的影响，能够自觉履行环境责任，环境管理绩效较高。

（2）企业得分在 60 ～ 80 分。企业环境审计合格，企业基本能够控制自身行为对环境的影响，在环境管理的部分方面尚有待改进的地方。

（3）企业得分在 60 分及以下。企业环境表现糟糕，企业整体环境表现不合格的，不能有效控制自身行为对环境的影响，企业环境管理需要整顿。

（4）获取信息不充分则不能出具说明意见的审计报告。如企业内部不配合，出现企业高层阻挠等。

三、环境审计指标体系的应用案例分析

企业社会责任导向的环境审计期间为整个会计年度，在企业出具年度财务报告之后开始着手。视企业规模、信息获取渠道的便利程度，用 1 ～ 3 个月的时间完成。环境审计报告的格式采用独立报告的形式，

并在企业网站上对外披露。

（一）案例企业的基本情况

宁波恒力液压股份有限公司注册在宁波市高新区江南路。主营业务为液压机、液压系统、液压泵、军品等液压设备的设计、研发、生产制造、销售及服务。作为宁波市高新区重点推介的企业，该企业的销售渠道辅设合理，主营产品市场竞争力强，是宁波中小企业的典型代表，因此选取它作为案例企业。

（二）案例企业的环境审计情况及本次审计背景

宁波恒力液压股份有限公司属于高新区诚信企业，各项综合指标良好，但截至 2014 年第一季度末，企业未进行任何形式的环境审计。此次环境审计是企业的初步尝试，内部环境审计人员由宁波恒力液压股份有限公司财务经理、宁波恒力液压股份有限公司实际控制人叶志华夫妇、外部独立人员组成。审计任务明确、审计分工合理，审计时间历时 45 天完成。

（三）环境审计结果

根据已构建的环境审计体系出具环境审计结果。宁波恒力液压股份有限公司的五类环境审计项目得分情况如表 4-2 所示。

表 4-2　宁波恒力液压股份有限公司环境审计结果

审计项目	综合表现	得分情况
企业财务报表	企业有一些环保设备，价值约占 7%，不缴纳排污费，不涉及环境罚款，没有相关环境奖励	19.5 分
企业所属行业	企业属于一般能耗行业，行业处于上升期，在同级别生产企业中处于较好水平	18 分
企业业务模式	企业业务模式短期看来可持续，原材料与产成品对环境的影响可控	11 分
企业环境外部性	企业的环境外部性影响有限，与周边居民在关系融洽，未受到投诉	17 分
企业内部环境管理	问卷调查发现企业内部环境意识一般	8 分

（四）案例企业环境审计实施效果

案例企业环境审计综合得分为 73.5 分，环境表现较好。企业环境审计结论不仅要看总体分数，而且必须逐一分析企业环境审计各项目的优劣。从各个部分的得分来看，企业财务报表审计部分与企业环境外部性审计部分以及企业内部环境管理审计部分得分较好，这体现出企业对环境行为有一定的内部控制，总体来说行业特性以及业务模式抑制了企业总体的环境审计表现。从最终环境审计情况来看，宁波恒力液压股份有限公司的环境管理状况还可以进一步提升。比如，公司可以逐步改进生产线，采用更节能环保的生产设备，优化废弃物管理，加强内部环境管理，这些措施都可以为环境审计加分。

第四节　企业社会责任环境绩效审计指标体系

一、评价指标的设计

企业社会责任可分为狭义和广义两种。狭义的企业社会责任指企业存在的目的，即企业为利益相关方谋利的责任及追寻自身价值最大化；广义的企业社会责任是将经济、环境、社会等责任都纳入的范畴。通过对广义的企业社会责任的理解，认为企业的社会责任要求企业在实现经济效益的同时，还应当承担与生态环境和利益相关者等有关的责任。因此，企业社会责任下的环境绩效审计划分为财务维度指标、环境管理维度指标和社会责任维度指标。

（一）财务维度指标

企业最主要的目的是追求自身利益最大化，而在企业环境绩效审计实施过程中产生的审计成本，会打击企业进行环境绩效审计的积极性。企业环境绩效审计要追求经济效益和环境效益的双赢，则需要更加关注成本效益指标。该类指标主要包括环保设施成本收益率，节能减排成本收益率，环境补偿费用支付率、“三废”综合利用收益率等。

（二）环境管理维度指标

企业的社会责任要求企业遵循可持续发展原则，不以牺牲环境为代价，因此企业要更好地承担社会责任，需要加强内部环境管理。环境管理维度指标有很多，从定性指标角度来看，有员工环境教育培训情况、监测体系建立情况、风险管理控制能力、解决环境纠纷的能力徒增。从定量指标的角度来看，有噪声污染处理率、污染源治理达标率、单位产量能源消耗量、废弃物排放达标率等。

（三）社会责任维度指标

随着社会公众对环境质量的要求提高，企业为了树立良好的形象，必须更好地履行社会责任以提高自身的竞争力。而企业社会责任导向下的环境绩效审计的开展，能督促企业在寻求经济和环境效益的同时，加强对利益相关者的关注。这一维度的指标包括环境法律法规执行指标和环保社会反响指标。其中，环境法律法规执行指标体现了企业对政府、社会公众等利益相关者的社会责任，该指标包括排污许可的合法性、排污费缴纳情况和环境报告发布情况等。如表 4-3 所示。

表 4-3　企业社会责任导向的环境绩效审计评价体系

目标	标准	一级指标	二级指标
企业社会责任导向下的环境绩效审计评价	财务维度	成本效益指标	环保设施成本收益率 节能减排成本收益率 环境补偿费用支付率 “三废”综合利用收益率
	环境管理维度	环境污染及耗费指标	单位产量能源消耗量 单位产量原材料消耗量 单位产量水消耗量 单位产量“三废”排放量
		环境治理指标	工业废水排放达标率 废弃物排放达标率 固体废弃物处置率 污染源治理达标率
		生态效率指标	工业用水重复用水率 噪声污染处理率 固体废弃物综合利用率
		内部控制指标	员工环境教育培训情况 检测体系建设情况 风险管理控制能力
	社会责任维度	环境法津法规执行指标	排污许可的合法性 排污费缴纳情况 环境报告发布情况
		环保社会反响指标	周围居民满意度 获得政府或环保组织的认可程度 所获环保奖项数 与污染有关的职业病情况 环境纠纷发生数

二、评价指标体系分析

层次分析法简洁适用，可以把决策规划中的定性分析与定量分析有机地结合起来，因而应用广泛。企业社会责任导向下的环境绩效审计评价的系统结构特征符合层次分析法的思路，因此采用层次分析法确定其指标权重。并根据灰色关联理论将各指标联系起来，计算综合评价值，分析企业社会责任导向下的环境绩效审计的效果。

（一）层次分析法在环境绩效审主计中的应用

1. 建立层次结构模型。将企业社会责任导向下的环境绩效审计评价指标体系分为定性评价指标和定量评价指标两个方面，在此基础上将其分为目标层、一级指标、二级指标三个层次。目标层为最高层，是应用层次分析法要达到的目标；一级指标也称准则层，为中间环节；二级指标也称措施层，包括为实现目标而可供选择的各种措施等。具体而言，定量评价的目标层可分为成本效益指标、环境污染及耗费指标、环境治理指标、生态效率指标四个一级指标，又向下分为 15 个二级指标；定性评价的目标层可分为环境法律法规执行指标、环保主会反响指标、内部控制指标三个一级指标，又向下分为 11 个二级指标。

2. 构造判断矩阵。层次分析法通过对每一层次中各因素进行比较，判断其相对重要性，这种判断通过引入 1 ～ 9 及其倒数作为比率标度（见表 4-4）进行定量化，并在此基础上构造判断矩阵（见表 4-5）。

表 4-4　元素相互比较重要程度分级

标度	含义
1	两个元素相比，具有同样的重要性
3	两个元素相比，前者比后者稍重要
5	两个元素相比，前者比后者明显重要
7	两个元素相比，前者比后者极其重要
9	两个元素相比，前者比后者强烈重要
2, 4, 6, 8	上述相邻判断的中间值
倒数	若因素 i 与因素 j 的重要性之比为 a_{ij}，那么因素 j 与因素 i 重要性之比为 $a_{ij}=1/a_{ji}$

表 4-5 判断矩阵

	P_1	P_2	…	P_n
P_1	a_{11}	a_{12}	…	a_{1n}
P_2	a_{21}	a_{22}	…	a_{2n}
…	…	…	…	…
P_n	a_{n1}	a_{n2}	…	a_{nn}

注：P_i 表示指标、某方案等；a_{ij} 表示 P_i 与 P_j 指标相对重要性的比较结果值

3. 层次性排序。层次性排序是指将判断矩阵 A 对于最大特征值 λ_{max} 的特征向量 W 正规化后作为指标在该部分的权重。

4. 一致性检验。当计算出对于上一层某指标而言本层与之有关各指标的重要性的权数之后，就要作一致性检验，需要计算一致性指标 $CI=(\lambda-n)/(n-1)$。当 CI=0 时，矩阵具有完全一致性。CI 越大，矩阵的一致性越差。当随机一致性比率 $CR=CI/RI < 0.1$ 时，可视为通过一次性检验。

（二）指标的灰色关联度

层次分析法在建立判断矩阵时，只考虑因素间两两比较，还没有把所有指标都联系起来考虑，运用灰色关联分析法，计算出指标的灰色关联度可以弥补此点不足。首先要求得到参考数列与比较数列的灰色关联系数 ξ。然后，求关联度 γ_i，将关联度与层次分析法计算得出的权重相结合，就是企业社会责任导向下的环境绩效审计的综合评价值，其表达式为：$\gamma=\gamma' W$。

审计结论可分为：当 $0 \leqslant \gamma < 60$ 时，企业环境绩效审计为差；当 $6 \leqslant \gamma < 75$ 时，企业环境绩效审计为中；当 $75 \leqslant \gamma < 85$ 时，企业环境绩效审计为良；当 $85 \leqslant \gamma \leqslant 100$ 时，企业环境绩效审计为优。

第五章　环境审计评价体系

第一节　环境费用效益分析法

一、环境费用效益分析法

环境费用效益分析，是费用效益分析理论与环境科学结合的产物，是全面评价某项活动综合效益的一种方法。近年来，环境费用效益分析法在水、大气污染的控制、自然资源的保护等领域，得到了较好的应用。其基本思路是在分析某项活动的经济效益、环境效益的基础上，通过一定的技术手段，将环境效益转换成经济效益（环境效益的货币化），然后将环境效益和经济效益相加，求得综合效益。

环境费用效益分析法是典型的常规审计分析方法与环境经济学方法相融合在环境绩效审计中的一种应用方法。其目的是在现有的经济技术条件下，以最小的费用取得最大的效益，其基本原则是效益必须大于费用。环境效益一般从经济效益和社会效益两方面分析，经济效益包括由于由企业发生环境成本支出而改善环保措施所带来的直接经济效益和间接经济效益；社会效益包括企业形象的提高、环境风险的降低、绿色产品的开发与销售等间接效益。环境费用是指为管理企业活动对环境造成的影响而被要求或主动要求采取的措施成本，以及因企业执行环境目标和要求所付出的其他成本费用。目前一般有三种方式，一是为达到环境保护法规所强制实施的环境标准而发生的费用，如环保设备的投入成本及营运费用；二是国家实施经济手段保护环境时企业发生的成本费用，如超标准的排污费、环境基金等；三是企业为提高自身环境要求而主动付出的环境成本费用，如企业自己设置的环境保护专项资金等。

低碳经济下的环境绩效审计强调对环境管理系统的有效性进行测评，因此审计过程中不仅要使用常规审计方法，而且要结合相关学科方法尤其是低碳经济学、环境经济学等方法。而环境费用效益分析法是一种综合的应用方法，在低碳经济下，此种方法也适用。

（一）环境费用效益分析法的定义

环境费用效益分析法通过评价各种项目方案以及政策所产生的社会效益和消耗的社会成本，包括环境方面的效益和成本权衡利弊，指导决策。在现有的条件下，企业赚取最大的利益并且只花费最少的费用，就是环境费用效益分析法的目标。

（二）环境费用效益分析法的基本思路

1. 把环保项目的费用和效益用货币的形式罗列出来。这里的环保项目费用和效益因行业性质、各企业自身实际情况而有所不同，不能一概而论。费用一般包括直接费用和间接费用，效益是指按市场价格计算的生产效益和环境经济效益。

本章采用砖瓦厂的案例进行分析。案例所说的环保项目费用主要是案例企业的直接费用和间接费用。直接费用包括设备维修费、燃料费、电费和劳务费，间接费用主要是指环境影响也就是环境成本。环境经济效益是指砖瓦厂利用回收的煤渣所得到的间接经济效益。正确的计量环保项目的费用和效益是费用效益分析法关键。

2. 计算或估算每年的净效益并逐年对其进行对比评价，分析其增长或减少原因，查漏补缺，以更好地履行环境保护的责任。这里需要注意的是，只有在企业自身逐年进行比较评价，并且物价没有大的波动时才可以直接对其进行比较评价。如果是不同企业不同年度或者是物价水平波动较大的情况下就需要在公平合理的条件下对其进行比较才有意义。这时就需要使用折现率，把不同时间段的费用和效益全部折算到同一个时间点进行比较。之所以这么做，是在经济研究工作中，必须考虑由于物价指数的变化影响货币的升值或贬值等问题。只有这么做所得出的结论才是客观的。

3. 根据前两个步骤的计算分析对企业的环境绩效进行综合评价。评价时从定量和定性两个方面进行。正如上节所述，定量评价主要包括经济性评价、效率性评价和效果性评价。定性评价主要包括经济发展低碳化评价、能源利用低碳化评价和低碳政策、法律、法规的健全性评价等。

二、环境费用效益分析法在环境审计中的应用基础

环境费用效益分析法在环境审计中的应用基础包括环境费用，环境效益和外部性的界定、确认与计量。

（一）环境费用的界定、确认与计量

所谓环境费用，是指在一定期间内，由于开展环境活动而耗用的企业资产的转化形式。环境费用的确认：在按照表 5-1 所示的环境费用分类进行界定后，将企业在一定期间内的相关支出确认为环境费用。环境费用的计量：对实际费用需要进行精确的计量，而对于虚拟费用可以进行模糊计量。

表 5-1　环境费用分类

<table>
<tr><th rowspan="2">一级分类</th><th colspan="2">二级分类</th></tr>
<tr><th>类　型</th><th>内　容</th></tr>
<tr><td rowspan="2">虚拟费用</td><td>自然资源的耗减费用</td><td>由经济活动开放、运用而发生的自然资源的实体数量减少的价值</td></tr>
<tr><td>生态资源的降级费用</td><td>废弃物的排放超出环境容量而使得生态资源的质量下降所导致的损失的货币表现</td></tr>
<tr><td rowspan="2">实际费用</td><td>维持自然资源基本存量费用</td><td>为了维护自然资源当前的状况而发生的费用</td></tr>
<tr><td>生态资源保护费用</td><td>包括废弃物再循环处理，维护环境卫生等</td></tr>
</table>

（二）环境效益的界定、确认与计量

在一定的期间内，企业的环境资产中能够用货币计量的效益，且该效益已经实现，这个效益就认为是环境效益。环境效益的确认：按照表 5-2 所示的环境效益概念，把企业一定期间内发生的有关效益界定为环境效益。环境效益的计量：直接环境效益通常可以用货币进行有效的计算，间接环境效益则难以被快速准确地计算，一般用估算。

表 5-2　环境效益分类

类　型	内　容
直接环境效益	对环境开发利用，取得有形资源物品时所取得的环境效益一般可以用包含劳动的货币价值，是审计的一项内容
间接环境效益	对环境开放利用，取得无形环境效用所得到的环境效益。可采用经济学、数学的计量方法进行估算
其他环境效益	包括选择效益、遗传效益、存在效益

（三）外部性的界定、确认和计量

所谓环境质量的外部性，是指生产经营活动对环境质量产生了影响，但其行为人不能获得该影响增加的社会效益或不会承担影响引起的社会费用，这时这部分社会效益或社会费用便是外部性。如果社效益大于零或该生产经营活动节约了相应的费用，则为正外部性；如果社会效益小于零或该生产经营活动产生了额外费用，则为负外部性。

外部性通常不会显现在市场价格中，因此要将外部性的影响纳入具体项目的分析中。

环境影响或环境质量的变化通常是无形的，将其视为经济活动的外部性也就意味着外部性通常也是无形的，因此，外部性同环境影响或环境质量的变化一样难以用货币计量。基于已有研究，环境影响的货币计量通常遵循以下逻辑：①尽可能运用市场价格；②没有市场价格时，用环境质量变动成本来计量；③在市场价格和环境质量变动成本均无法取得的情况下，直接查问消费者确定他们想要并且能够支付的费用。因此，外部性的货币计量也可以遵循上述逻辑。

三、环境费用效益分析法在环境审计中的应用

（一）案例企业基本情况

案例企业为古建砖瓦厂，于2010年年初建成，地处古都西安西郊，总投资340万元，生产厂区占地约100多亩，现有员工100多人。该厂采用手工工艺制作青砖、青瓦及各类工艺产品和瓦件。其产品吸水率、抗折、抗冻、耐酸、耐碱等各项技术指标已达到国家标准，其厂生产的各种青砖、筒瓦、屋脊、吻类、走兽、游龙、宝鼎、板瓦等，主要是用于建设亭榭、楼阁、寺庙、别墅等建筑。由于近年来全国各地的环境质量变差，二氧化碳使全球温度不断升高，各种有害气体的排放使空气、植物及人们的生活受到威胁，尤其是西北方，沙尘暴一年比一年严重，人们越来越担心和关心周围的生活环境。该厂在建立之初就受到周围村民的强烈反对，最终在各方的协调下村民同意其在此建厂生产，前提条件是该厂给周围一部分居民提供就业机会且必须保证其对周围居民的生活环境和庄稼不能产生不利影响，否则该厂每年上

交 40 万元的环境保护费，作为对周围居民的赔偿。

（二）环境费用效益分析

1. 环境费用效益估算。

①费用估算。根据所掌握的数据资料，该砖瓦厂的成本费用主要分为直接费用和间接费用，直接费用包括设备维修费、燃料费、电费和劳务费，间接费用主要是指环境影响也就是环境成本。效益是指按市场价格计算的生产效益及环境经济效益（也就是砖瓦厂利用回收的煤渣所得到的间接经济效益）。

a. 直接费用。根据所了解的数据资料可知该砖瓦厂每年的各项费用平均值如下：

表 5-3　砖瓦厂直接费用成本　　　　单位：万元 / 年

费用项目	成本
设备维修费	3.8
燃料费	45.3
电费	19.4
劳务费	80
合计	148.5

b. 环境成本（间接环境影响）。这里所说的环境成本需要站在社会公众角度去理解，主要是指使用资源和造成环境污染等外部不经济费用。由于所获得的资料有限，所以这里所说的环境成本包括毁田取土产生的成本和排放二氧化硫造成污染所缴纳的环境保护费。

一是毁田取土产生的成本。该厂每年制砖毁田 300 亩，按土地种植的可重复性，正常情况下该地区庄稼每年种两季，上半年种植小麦，下半年种植玉米。以土地原有使用功能（种植小麦和玉米）为代表，每亩大概年产小麦 400 千克，除去人工、种子及化肥等成本，估算每公斤净收益 1.2 元，每亩大概年产玉米 450 千克，除去人工、种子及化肥等成本，估算每公斤净收益 1.3 元，则该砖瓦厂一年毁田取土的成本为：

400×1.2×300+450×1.3×300=14.4 万元 +17.55 万元 =31.95（万元）

二是二氧化硫造成污染所产生的环境保护费。案例概况中已经提到该厂必须保证其对周围居民的生活环境和庄稼不能产生不利影响，否则该厂每年上交 40 万元的环境保护费，作为对周围居民的赔偿。

②效益估算。

a. 生产效益。该案例所用生产效益是根据该厂内部人员提供的利润费用表查找而来，是指该厂各年的生产毛利。该厂各年的生产效益如表 5-4 所示：

表 5-4 砖瓦厂生产效益　　单位：万元 / 年

年　份	生产效益
2010 年	250
2011 年	300
2012 年	350

b. 环境经济效益。这里所说的环境经济效益是指砖瓦厂回收利用煤渣产生的非直接的经济效益，主要是指利用回收的煤渣减少了毁田取土量，按内部人员提供的资料，可每年减少毁田 4.8 亩，因此产生的效益用种植小麦和玉米得到的收入来表示，即 4.8 亩 ×400 千克 / 亩 ×1.2 元 / 千克 +4.8 亩 ×450 千克 / 亩 ×1.3 元 / 千克 =5112（元 / 年）。由于自身能力以及考虑不够周全，该厂第一年没有设立环境保护专项资金，也没有加强对废水废气的污染治理，导致第一年产生了

40 万元的环境保护费。

为了提高企业的生存能力，加强企业的竞争力。在 2011 年，该砖瓦厂设置了 30 万元的环境保护专项资金。设立该专项环境保护资金的目的主要是减少以后年度的环境费用，并为企业树立环保低碳生产的形象。通过引进生产工艺和技术，积极开展废物制砖机等的研究，加强对废气的污染治理。二氧化硫的排放比 2010 年明显减少，于是该厂与村民等各方面协商，减少了环境保护费 14.8 万元。2012 年，该砖瓦厂又增加了 8 万元的环境保护专项资金，提高废气的污染治理能力，又减少了环境保护费 5.29 万元。

2. 环境费用效益分析。综合前面的分析计算，该砖瓦厂的费用—效益计算过程如下：

2010 年年末的生产成本为 148.5（万元）

2010 年年末的环境成本为 40+31.95=71.95（万元）

2010 年年末的生产效益为 250（万元）

由于该厂第一年没有注意回收利用废气废渣，所以 2010 年年末的环境效益为 0。

2010 年年末的净效益 =250+0-148.5-71.95=29.55（万元）

2011 年年末的生产成本为 148.5 万元

2011 年年末的环境成本 =31.95+30+40-14.8=87.15（万元）

2011 年年末的生产效益为 300 万元

2011 年年末的环境效益 =4.8 亩 ×400 千克 / 亩 ×1.2 元 / 千克 +4.8 亩 ×450 千克 / 亩 ×1.3 元 / 千克 =5112 元。

2011 年年末的净效益 =300+0.5112-148.5-87.1=64.9112（万元）

2012 年年末的生产成本为 148.5（万元）

2012 年年末的环境成本 =31.95+30+8+40-14.8-5.29=89.864（万元）

2012 年年末的生产效益为 350（万元）

2012 年年末的环境效益 =4.8 亩 ×400 千克 / 亩 ×1.2 元 / 千克 +4.8 亩 ×450 千克 / 亩 ×1.3 元 / 千克 =5112 元

2012 年年末的净效益 =350+0.5112-148.5-89.84=112.1712（万元）

根据上述计算可得该砖瓦厂各年环境费用效益分析表，如表 5-5 所示：

表 5-5　费用效益分析　　单位：万元 / 年

年份	费用成本		效益		净效益
	生产成本	环境成本	生产效益	环境效益	
2010 年年末	148.5	71.95	250	0	29.55
2011 年年末	148.5	87.10	300	0.5112	64.9112
2012 年年末	148.5	89.84	350	0.5112	112.1712

鉴于该厂于 2010 年年初建成，而本书是对该砖瓦厂 2010 年至 2012 年近三年的环境费用效益进行分析，所以没有采用折现率对其折现。由以上环境费用效益分析表可以看出，虽然该砖瓦厂第一年的环境成本不是最高，但是其生产效益最低，最终导致第一年的净效益为 29.55 万元，究其原因，主要是因为该厂第一年没有设立环境保护专项资金，也没有加强对废水废气的污染治理，导致周围村民强烈不满，多次阻挠生产罢工，使第一年的生产量没有达到预期，并且导致第一年产生了 40 万元的环境保护费。该砖瓦厂领导意识到长此下去该厂是无法生存的，为了提高企业的生存能力，在 2011 年，该砖瓦厂设置了 30 万元的环境保护专项资金，并积极投入使用。虽然这项投入使该年

的环境成本增加，但是效果甚佳，村民很少阻挠生产，生产率有所提高，使得 2011 年的净效益明显提高，也就是说其引起的净效益的增加大于其成本的增加，说明该项投入是正确的，达到了设立该专项环境保护资金的目的。2012 年，该砖瓦厂又增加了 8 万元的环境保护专项资金，及时引进废物制砖生产工艺和技术，加强对废气废渣的污染治理。又减少了环境保护费 5.29 万元，而且周围村民再没有闹事阻挠生产，最终使 2012 年的净效益大幅增加。说明该砖瓦厂的这项投入非常值得，而且该项投入就像固定资产一样，前期投入大，但是越往后收益越大。

四、环境绩效综合评价

如前所述，任何一种审计方法都不是万能的，我们要根据实际情况衡量选择何种方法或指标对具体问题是适用的。由于本人所获得的资料以及该砖瓦厂本身的规模和条件限制，下面主要以该厂的环境专项保护资金为起点进行评价。

（一）定量评价

1. 经济性评价。专项环境保护资金实际使用率 = 实际使用的环境保护资金 / 设立的环境保护资金总额 ×100%

该厂 2011 年专项环境保护资金实际使用率 =30/30×100% =100%

说明该砖瓦厂 2011 年设立的环境专项保护资金全部投入使用，但是经过了解可知并未达到预期的目标要求，说明第一次的投入不太符合经济性要求。

该厂 2012 年专项环境保护资金实际使用率 =5/8×100%=62.5%

该厂 2012 年设立的环境专项保护资金投入使用，基本达到了预期目标，而且资金还有结余，说明第二次的投入基本符合经济性要求。

2. 效率性评价。

如前所述，这里所说的效率性指标越高，说明专项环保资金的使用效率越高。

该厂 2011 年专项环保资金污染减排率 =14.8/30×100%=49.33%，

该厂 2012 年专项环保资金污染减排率 =5.29/8×100%=66.12%，

通过比较可知，该砖瓦厂 2012 年专项环保资金污染减排率比 2011 年提高了 16.79%，说明该砖瓦厂的专项环境保护资金使用到位，使用效率比较高。

3. 效果性评价。

由于该砖瓦厂本身的规模和条件限制，在这里就用净效益的增加来对该砖瓦厂的专项环境保护效果进行评价。该厂 2010 年的净效益为 29.55 万元，2011 年的净效益为 64.9112 万元，2012 年的净效益为 112.1712 万元。

（64.9112-29.55）/29.55×100%=119.66%

（112.1712-64.9112）/64.9112×100%=72.8%

以上计算可知该厂的净效益 2011 年比 2010 年增长了 119.66%，增长幅度比较大，是因为该厂 2011 年投入了环境保护专项资金，并积极投入使用，且效果甚佳。2012 年比 2011 年增长了 72.8%，是因为 2012 年该砖瓦厂又增加了 8 万元的环境保护专项资金，及时引进废物制砖生产工艺和技术，加强对废气废渣的污染治理。最终使 2012 年的净效益大幅增加。说明该砖瓦厂投入的专项环境保护资金的使用效果非常好。

（二）定性评价

1. 经济发展低碳化评价。围绕低碳化经济发展的目标，此砖瓦厂积极改善工艺和技术水平，以培育生态环保、低碳节能等相关产业为重点，减少废气的排放，体现了低碳化经济发展的思路。

2. 能源利用低碳化评价。一是清洁能源使用情况。作为低碳发展的重要环节，该砖瓦厂在能源消费方面更多地倾向于清洁能源的使用，目前已在厂区安装太阳能路灯照明、太阳能热水及雨水收集利用系统等；二是资源的循环利用情况。此砖瓦厂对废煤渣进行循环利用，进一步减少了资源的浪费，符合低碳经济的发展要求。

3. 政策保障。为了企业的长期生存和发展，加快企业向低碳化转型，企业制定了《企业废煤渣的再利用管理办法》《企业环境保护引导专项资金管理暂行办法》等政策，为企业的低碳发展提供了较好的政策保障。

第二节　平衡计分卡分析法

一、平衡计分卡的定义

（一）研究目的

平衡计分卡这一理论自提出以来，受到社会各方的广泛关注。它着眼于组织发展策略的有效性，从财务、客户、内部运营和学习与成长四个角度，把组织的战略分解并且落实为可操作的衡量指标，通过分析指标之间的联系促进组织的发展。平衡计分卡不仅仅关注财务指标，更注重整体的平衡与可持续发展，强调这些指标之间的相互作用。

本节引用“平衡计分卡”的概念，明确平衡计分卡与环境审计的含义，以环境审计评价体系构建的原则为基础通过对青岛海尔集团的分析探讨并构建一个完整且有效的评价体系，希望能够为审计工作与环保事业的开展提供一些建设性的对策。

（二）平衡记分卡的起源

平衡计分卡的雏形是公司自制的记分卡。哈佛大学教授卡普兰与诺朗诺顿研究院的执行长诺顿在 1992 年的《哈佛商业评论》杂志上发表了第一篇关于平衡计分卡的文章——《平衡计分卡：驱动绩效的度量》。在文中，他们设计了四个角度的指标来衡量公司业绩，详细传输了公司在绩效考核时运用平衡计分下所获得的好处。这篇文章发布后，众多私营公司、上市公司以及非营利组织很快开始使用平衡计分卡。

（三）平衡计分卡的内容

平衡计分卡是一种管理工具，主要用于战略的描述、交流与实施。它保留了财务角度的指标，以衡量组织最终的成果，也补充了另外三个角度——客户角度、内部运营角度和学习与成长角度的指标。从四个平衡计分卡的角度为主旨表示战略目标提供了稳固的框架节奏。财务角度的目标包括为股东创造价值的高层次目标，及收入增长、生产力提高等次级目标。客户角度的目标包括获得目标客户、使客户满意、留住现有目标客户。此外，组织也要有自己的价值主张。价值主张，是整个战略的核心，也是区别自身与竞争者的核心内部运营角度的目标，反映组织将如何创造并且传递价值主张，满足提高升战力的财务目标。而学习与成长角度的目标描述了员工、信息系统和组织的定位。所有目标之间都有因果关系，从员工出发，通过运营与客户，最终表现在财务目标上。

（四）平衡计分卡的应用

平衡计分卡的应用已经不再局限于战略管理方面，开始设计供应链绩效的评价指标设计、地方政府绩效评价体系的构建等方面。就我国国内学者的研究成果而言，刘雪明、廖东岚把平衡记分卡理论与地方政府政策执行力评价相结合，设计出了多个不同层次的指标，构建出了相应评价体系；李林、耿伶俐、王水宁把平衡计分卡的战略观和平衡观引入我国国家大学科技园的绩效管理，在营利性和公益性的基础上建立了具体指标体系；郑淑华用实证研究的方式描述了在医院的经理管理中，平衡计分卡的应用；马莹将平衡计分卡运用于某水电施工企业，为该企业设计了具体的绩效评价指标。

二、基于平衡计分卡的环境审计评价体系

（一）设计思路

首先，一个好的平衡计分卡，必须能够描述组织整体的战略，阐明多个角度之间的因果关系；将战略转化成一套连贯的、相互联系的易懂又可衡量的运营目标，再传达给每一位员工。因此，构建基于平衡计分卡的环境审计评价体系的第一步就是要明确目标。环境审计的对象是政府和企业的环境保护工作。其目标是监督并改善环境管理各个步骤的绩效情况，有针对性地提出审计意见，提高环境保护工作的绩效，最终实现可持续发展这一长期目标。

其次，从财务、客户、内部运营和学习与成长这四个角度把总体目标分解为多个子目标。之后，再从各个角度确定主要的评价指标，尽可能覆盖被审计单位环境保护工作的每个环节，分别明确各个角度之间和各个指标之间的关系，最终构成完整的环境审计评价体系（详

见表 5-6 和表 5-7）。

表 5-6　基于平衡计分卡的政府环境审计评价体系

角　度	指　标
财务角度	公开环境项目投资金额、环保资金使用情况、环保投资回收期、后期环境管理费用等
客户角度	当地居民满意程度、当地居民投诉情况、当地居民生活质量改善情况
内部运营角度	能源利用率、资源利用率、环境状况（空气环境质量、水环境质量等）、污染物排放程度（工业“三废”排放情况、生活污水排放情况）
学习与成长角度	政府工作人员培训情况与满意程度、环保工作总结等

表 5-7　基于平衡计分卡的企业环境审计评价体系

角　度	指　标
财务角度	环境管理投资（环境保护管理、参加企业外部组织的各项环保培训、检测技术培训、环境保护宣传的费用）
	环境污染投资（大气污染防治、水污染防治、提升污水处理水平、日常检测的费用，中水回用设施运行费用，废弃排污费）
	节能环保降耗投资（改善工艺设备、提高生产效率的投资，减少物耗能耗的投资，节能降耗宣传费用）
客户角度	环保获奖数
	环境保护信息披露情况
内部运营角度	能源输入指标（用水量、用电量、煤炭用量、蒸汽用量、天然气用量）
	资源输入指标（铜、钢、铝、锌镀板、塑料、发泡料的使用量）
	再生资源输入指标（钢铁、塑料、玻璃、铝、铜、其他资源使用量）
	环境污染程度指标（二氧化碳排放量、二氧化硫排放量、烟尘排放量、废水排放量、化学需氧量排放量、氨氮排放量、固体废物排放量、煤渣排放量、危险废物排放量、单位产值能耗、单位产值水耗、单位产值二氧化碳排放量、单位产值二氧化硫排放量、单位产值废水产生量、单位产值化学需氧量排放量）
	环境保护程度指标（节约用水量、节约用电量、机头料产出、废物安全处置率、节水改善项目数、节能改造项目数）
学习与成长角度	申请专利数量
	申请发明专利数量
	ISO14001 环境管理体系认证情况
	环保活动情况

（二）财务角度的指标

财务角度的指标用于衡量组织的效益。总体来说，财务角度是四个角度中运用客观指标最多的一个，其他三个角度的指标最终都会反馈到财务的指标上。具体指标包括以下两类：

1. 以政府为审计对象，财务角度的指标包括公共环境项目投资金额、环保资金使用情况、环保投资回收期、后期环境管理费用等。

2. 以企业为审计对象，财务角度指标分为两大类——环保支出指标和环保收益指标。环保支出指标，主要描述环保投资情况，分为三类：第一，环境管理投资（环境保护管理、参加企业外部组织的各项环保培训、检测技术培训、环境保护宣传的费用）；第二，环境污染投资（大气污染防治、水污染防治、日常检测的费用，中水回用设施运行费用，废弃排污费）；第三，节能降低环保投资（改善工艺设备、提高生产效率的投资，减少物耗能耗的投资，节能降耗宣传费用）。此外，环保支出指标还包括环保相关罚款支出，如污染物排放量未达标受到的罚款。环保收益指标用于衡量环境友好型工程项目或是产品的推出，为组织带来的经济收益状况，具体包括收入增长率、销量增长率等。

（三）客户角度的指标

对于政府来说，客户指的是社会公众，提高客户的满意程度是政府一切行为的宗旨；而对于企业来说，客户包括政府和公众。进行环境审计活动的一个目的就是使得组织的客户满意。客户是组织的环境保护工作成果的受益人，他们对所有成果的看法至关重要。在设计客户指标时，选择了较多定性指标。虽然定量指标易于理解、易于活动，能够量化评价环境保护活动，但是定量指标有一个很大的缺点，就是具有片面性。衡量客户满意程度的这一类指标很难做到量化。具体指标包括以下两类：

1. 从政府的客户角度出发，客户角度的指标具体包括；当地居民满意程度、当地居民投诉情况、当地居民生活质量改善情况。

2. 从企业的客户角度出发，客户角度的指标具体包括；环境保护信息披露情况、当地居民满意程度、媒体曝光次数、环保获奖数。环保获奖数直观地反映出客户对组织在环境保护工作方面成果的评价；环境保护信息披露是组织的自觉行为，环境披露的程度也同样取决于企业自身。

（四）内部运营角度的指标

内部运营流程包括：能源输入、资源输入、内部加工、产品产出等几个部分。能够为客户增加价值的内部活动是内部运营角度关注的重点。具体指标包括以下两类。

1. 从政府内部运营角度出发，设计以下指标：能源利用率、资源利用率、环境状况（空气环境质量、水环境质量等）、污染物排放程度（工业“三废”排放情况、生活污水排放情况）。

2. 企业的内部运营设计能源输入、资源输入、再生资源输入、环境污染程度、环境保护程度五个部分。能源输入指标，包括用水量、用电量煤炭用量、蒸汽用量、液化气用量、天然气用量；资源输入指标，包括铜、钢、铝、锌镀板、塑料、发泡料的使用量；再生资源输入指标，包括钢铁、塑料、玻璃、铝、钢、其他资源的使用量；环境污染程度指标，包括二氧化碳排放量、二氧化硫排放量、烟尘排放量、废水排放量、化学需氧量（COD）排放量、氨氮排放量、固体废物排放量、煤渣排放量、危险废物排放量、单位产值能耗、单位产值水耗、单位产值二氧化碳排放量、单位产值二氧化硫排放量、单位产值废水产生量、单位产值化学需氧量排放量等；环境保护程度指标，包括节约用水量、节约用电量、机头料产出、废物安全处置率、节水改造项目数、节能改造项目数等。

（五）学习与成长角度的指标

学习与成长角度强调组织的长期发展能力，能够为客户增加价值的能力，促进环境治理与环境保护的持续改善。具体指标包括以下两类：

1. 作为政府，学习与成长角度的指标包括：政府工作人员培训情况与满意程度、环保工作总结情况等。

2. 作为企业，这一角度的指标包括：申请专利数量、申请发明专利数量、ISO14001 环境管理体系认证情况、环保活动情况等。

（六）评价指标体系的说明

评价指标体系分为四个角度，这四个角度相互之间联系成为一个整体。第一，财务角度的环境管理投资用于检测技术培训、参加企业外部组织的各项环保培训，有助于企业内部流程的改善及促进企业的学习和成长。环境保护宣传费用、节能降耗宣传费用，影响着客户满意程度。环境污染投资指标和节能降耗投资指标直接与内部运营角度的指标相关。第二，客户角度的环保获奖数指标，衡量的是客户对企业的满意程度，能够说明企业的内部运营是否合理。环境保护信息披露情况指标，能够促进客户对企业的日常监督，最终促进企业整体的成长。第三，内部运营角度的能源输入指标、资源输入指标、再生资源输入指标，直接关系企业的财务状况。环境污染程度指标、环境保护程度指标影响着客户的满意度。第四，学习与成长角度为改善内部流程作基础，申请专属数量与申请发明专利数量指标，体现的是企业的创新力，以及优化内部流程、为客户创造更大价值的能力。

ISO14001 环境管理体系认证情况直接反映了企业内部运营的成果。

三、平衡计分卡在环境审计评价体系中的应用

（一）案例企业资料

海尔集团（即青海海尔股份有限公司）成立于 1984 年 4 月 28 日，秉承锐意进取的海尔文化，经过 29 年的创业创新，已经成为全球最大的家用电器制造商之一。海尔集团旗下产品众多，涉及家电、通信、IT 数码、医疗设备等领域。2012 年，海尔集团经营活动产生的现金流量净额为 55.19 亿元，集团净利润达 43.6 亿元，实现每股社会贡献值 5.20 元，市场份额达 8.6%。在美国波士顿咨询公司发布的《2012 年度全球最具创新力企业 50 强报告》中，青岛海尔股份有限公司被列为企业 50 强的第 8 位。自 2005 年起，海尔集团依据《可持续发展报告指南（2006 版）》（全球报告倡议组织 GRI）、《中国企业社会责任报告编制指南》(中国社会科学院)、《山东省企业环境报告书编制指南》(山东省环保局)、《上市公司内控报告和社会责任报告的编制和审议指引》（上海证券交易所），连续发布《企业环境报告书》与《年度企业社会责任报告》，真实披露自己在环境管理，环境绩效等领悟的相关信息，使利益相关者更加全面、直接地了解了自己在控制温室气体排放、低碳发展方面的工作，建立起了公众监督机制。

（二）数据处理

本章节所采用的数据信息主要来源于青岛海尔股份有限公司发布的《海尔环境报告书 2012》《青岛海尔 2012 年度企业社会责任报告》《海尔环境报告书 2011》《青岛海尔 2011 年度企业社会责任报告》等。自创业以来，青岛海尔股份有限公司坚持做到保护与发展并进，不断优

化调整经济增长方式，提高资源利用率，推进生态文明建设。自2003年1月1日《中华人民共和国清洁生产促进法》实施以来，促进了经济、环境、社会三大效益的协调发展。根据《海尔环境报告书2012》《青岛海尔2012年度企业社会责任报告》《海尔环境报告书2011》与《青岛海尔2011年度企业社会责任报告》中的数据，应用已构建的基于平衡计分卡的环境审计评价体系，对青岛海尔股份有限公司的环境保护工作作以下审计分析，详见表5-8所示。

表5-8　平衡计分卡的环境审计评价指标体系

角度	指　　标	2012年	2011年
财务	环境管理投资（万元）	107	142
	环境保护管理费用（万元）	38	
	检测技术培训费用（万元）	25	10
	参加企业外部组织的各项环境保护培训费用（万元）	32	12
	环境宣传费用（万元）	12	120
	环境污染投资（万元）	1255	1000
	大气污染防止费用（万元）	358	60
	水污染防治费用（万元）	513	770
	提升污染处理水平的费用（万元）	389	80
	日常监测费用（万元）	25	20
	中水回用设施运行费用（万元）	10	10
	废气排污费用（万元）	60	60
	节能环保降耗投资（万元）	2405	515
	改善工艺设备、提高生产效率和减少物耗能耗投资（万元）	2385	500
	节能降耗宣传费用（万元）	20	15
客户	环保获奖数	获“有害物质管理体系贡献奖”；入选中国100家年度最“绿”公司	荣获“山东省100家节能环保产业示范企业”“节能中国十大贡献单位”“节能中国优秀示范单位”“山东省节能环保示范企业”等称号
	环境保护信息披露情况	连续7年编制并发表《企业环境报告书》；荣获“青岛市崂山区企业环境信息公开先进单位”称号；荣获“2012年度信息披露奖”	连续7年编制并发表《企业环境报告书》；荣获“青岛市崂山区企业环境信息公开先进单位”称号；荣获“2012年度信息披露奖”

表 5-8 平衡计分卡的环境审计评价指标体系 续表

内部运营	能源输入——用水量（万吨）	255	249
	能源输入——用电量（亿千瓦时）	3.3	4.6
	能源输入——煤炭用量（万吨）	2.1	2.4
	资源输入——铜（万吨）	3.3	5.2
	资源输入——钢（万吨）	65	43
	资源输入——铝（万吨）	13.5	4.5
	资源输入——锌镀板（万吨）	35	34
	资源输入——塑料（万吨）	38	38
	再生资源输入——钢铁（吨）	6649	6855
	再生资源输入——塑料（吨）	6579	6863
	再生资源输入——玻璃（吨）	1.50	1.51
	再生资源输入——铝（吨）	707	736
	再生资源输入——钢（吨）	480	1510
	再生资源输入——其他（吨）	5654	5840
	烟尘排放量（吨）	64	57
	二氧化硫排放量（吨）	105.2	114.0
	废水排放量（吨）	133	125
	氨氮排放量（吨）	9	5
	化学需氧排放量（吨）	99	78
	固体废物排放量（万吨）	171.9	16.3
	煤渣排放量（吨）	6161.7	7095.0
	危险废物排放量（吨）	172000	87
	单位产值能耗（吨标煤 / 万元）	0.01177	0.01222
	单位产值二氧化碳排放量（千克 / 万元）	14.06	14.80
	单位产值水耗（升 / 万元）	381	411
	单位产值废水产生量（升 / 万元）	270	310
	单位产值二氧化硫排放量（克 / 万元）	13.82	14.10
	单位产值二氧化碳排放量（克 / 万元）	14.06	14.80
	单位产值化学需氧量排放量（克 / 万元）	12.57	12.77
	节约用水量（吨）	55403	53000
	节约用电量（万千瓦时）	922.50	875.83
	废物安全处置率（%）	100	100
	节水改造项目数（项）	18	—
	节能改造项目数（项）	25	182
学习与成长	申请专利数量（项）	1634	1575
	申请发明专利数量（项）	541	796
	IS014001 环境管理体系认证情况	佛山冷柜通过认证	24 个事业部（冰箱中二、特种冰箱、洗碗机等）通过认证
	环保活动情况	“海尔绿帆”爱心植树活动、“地球一小时”活动、“市容环境整治”	携《绿色空间》举办“绿色空间，乐享生活”中国绿色达人招募活动、开办“海尔乐活课堂”；“地球一小时”活动；家电以旧换新活动；“乐享你的环保之旅”

（三）数据分析

1. 财务角度。从财务角度出发，2012 年青岛海尔股份有限公司（简称“青岛海尔”）在环境保护方面的总投资（环境管理投资、环境污染投资和节能降耗环保投资总和）达 3867 万元，相比 2011 年的总投资 1657 万元增长了 133.37%。其中，环境管理投资额下降 24.65%，环境污染投资额增加了 35.50%，节能环保降耗投资额增长 367.00%。这说明青岛海尔在 2012 年更加重视环境保护工作，尤其是在改善工艺设备、提高生产效率和减少物耗能耗方面，增加了 1885 万元投资，增长率为 377.00%。

2. 客户角度。2012 年是青岛海尔连续公开《企业环境报告书》的第七年。基于长期的自觉公开环境保护信息的行为，青岛海尔被评为“青岛市崂山区企业环境信息公开先进单位”；青岛海尔在 2012 年国际电工委员会电子元器件质量评定体系年会上，获得“有害物质管理体系贡献奖”，成为唯一获得这项荣誉的中国家电行业企业；在“2012 年中国绿色公司年会”上，青岛海尔入选“2012 年度中国绿色公司百强榜单”。通过历年的《环境报告书》，青岛海尔披露了企业环境报告与社会责任报告。

3. 内部运营角度。作为生产制造类企业，青岛海尔在增加自身营业额与利润的同时，也给环境带来一定的压力。如表 5-9 所示，青岛海尔 2012 年的废物排放量与 2011 年的废物排放量相比，变化最大的是危险废物排放量这一项目，增长量达到 171913 吨，其次是固体废物排放量，增长率为 954.60%；在二氧化硫排放量和煤渣排放方面，青岛海尔有了一定程度的进步，这两项指标分别减少了 7.72% 和 13.15%。

表 5-9 2011 年与 2012 年的废物排放情况

项目	2012 年	2011 年	变化量	变化率（%）
烟尘排放量（吨）	64	57	增加 7	增加 12.28
二氧化硫排放量 （吨）	105.2	114.0	减少 8.8	减少 7.72
废水排放量（万吨）	133	125	增加 8	增加 6.40
氨氮排放量（吨）	9	5	增加 4	增加 80.00
化学需氧量排放量（吨）	99	78	增加 21	增加 26.92
固体废物排放量（万吨）	171.9	16.3	增加 155.6	增加 954.00
煤渣排放量（吨）	6161.7	7095.0	减少 933.3	减少 13.15
危险废物排放量（吨）	172000	87	增加 171913	增加 197601.01

当然，污染物排放量的增加，必须要与企业总体产值联系起来才能更明确地表达出企业内部的运营情况。表 5-10 所描述的 6 项指标，相比于 2011 年，在 2012 年都有不同幅度的下降。下降幅度最大的是单位产值废水产生量，幅度为 12.09%；其次是单位产值水耗，下降 7.92%；下降幅度排第三位的是单位产值二氧化碳排放量，相比 2011 年的 14.08 千克 / 万元，2012 年排放量降低了 5.00%，为 14.08 千克 / 万元。

表 5-10　2012 年与 2011 年的单位产值能耗与各污染物排放情况

项目	2012 年	2011 年	变化率（%）
单位产值能耗（吨标煤 / 万元）	0.01177	0.01222	下降 3.68
单位产值二氧化碳排放量（千克 / 万元）	14.06	14.08	下降 5.00
单位水产值水耗（升 / 万元）	381	411	下降 7.29
单位产值废水产生量（升 / 万元）	270	310	下降 12.90
单位产值二氧化碳排放量（千克 / 万元）	13.82	14.10	下降 2.13
单位产值化学需氧量排放量（克 / 万元）	12.57	12.77	下降 1.57

2012 年，青岛海尔的节约用水量达 55403 吨，超过 2011 年 2403 吨；节约用电量为 922.50 万千瓦时，超过 2011 年 46.67 万千瓦时。2011 年与 2012 年的废物安全处置率均为 100%。

4. 学习与成长角度。从学习与成长角度来看，2012 年青岛海尔申请了 1634 项专利，其中包括发明专利 541 项。与 2011 年相比，申请专利数量增加了 59 项，增长率 3.75%，但是发明专利申请数减少了 32.04%。在 ISO14001 环境管理体系认证方面，2011 年，青岛海尔有 24 个事业部通过了该项认证，2012 年海尔佛山冷柜通过了认证。能够通过 ISO14001 认证，说明企业达到了国际水平，在环境管理方面，已经能够确保企业对各类污染物的控制符合相关要求。当然，通过 ISO14001 的认证，有助于企业树立良好的社会形象。另外，青岛海尔举办过一系列环保活动。2011 年，青岛海尔与 CCTV《绿色空间》节目组共同举办了环保活动，招募中国绿色达人；与乐生活专家开办“海尔乐活课堂”，推出“乐享你的环保之旅”，鼓励绿色出行；加入“地球一小时”熄灯活动，携手世界自然基金组织（WFF）一同推广节能环保理念。2012 年，青岛海尔和“海尔绿帆”志愿者们举行了受心植树活动；青岛海尔旗下员工参与了青岛市市容环境整治活动；发起互联网上的“地球一小时”活动，呼吁节约能源，减少二氧化碳等温室气体排放。

（四）评价结果

1. 取得的成效。通过基于平衡计分卡的环境审计评价体系的运用分析，可以看出，青岛海尔股份有限公司在 2011 年与 2012 年的环境保护工作方面取得了非常不错的成果。确保了各项污染物排放达标，控制了废物的产生与回收再利用；确保了废物的正确处理，避免了环境污染，实现了青岛海尔数据中心的“绿色”转变，推出了多种节能环保产品。

2. 存在的不足。作为中国最大的家电类上市公司之一，从 2005 年开始对外发布环境报告书和年度企业社会责任报告，披露环境报告、企业社会责任报告等信息。从披露的信息来看，青岛海尔公开的资料缺少以下几种信息：①环境盈利能力相关信息；②员工环保培训次数与效果的相关信息；③环境制度信息。同时青岛海尔缺少长期的详细的环境保护规划，包括到 2015 年、2020 年公司将在环境保护方面要达到的具体目标。

平衡记分卡作为一种综合的评价体系，不仅关注着财务指标，而且还注重财务角度、客户角度、内部运营角度、学习与成长角度四个角度整体的平衡与可持续发展，特别强调各指标之间的联系与互动。环境审计评价体系的构建必须要遵循全面性原则、定量指标与定性指标相结合原则、可操作性原则。

第三节 外部环境价值链

随着“绿色经济”“生态经济”等新型发展模式的陆续提出，国家对工业企业环境绩效评价的需求日益提升，倡导企业秉持绿色经营理念，逐步实现经济效益与环境效益的双向发展。为此，以工业企业为研究对象，试图从企业外部视角研究设计环境绩效评价指标，完善现有的环境绩效评价指标体系，研究具有较强的现实意义。

一、环境价值链分析

（一）环境价值链的理论发展

1. 价值链的概念。“价值链”一词最早出现在 1985 年美国哈佛大学教授 Michael E. Porter 的《竞争优势》一书中。而在经历了 30 多年的发展后，它被赋予了更多的意义，对企业经营战略的制定起着更好的指导作用。

2. 传统价值链。“价值链”在《竞争优势》中被定义为“从原材料的选取到最终产品送至消费者手中的一系列价值创造的活动过程”。根据价值链的理论体系，企业的活动可以被分解成与战略相关的 5 种基本活动和 4 种辅助活动，如图 5-1 所示。早期的价值链将价值变化的核心环节置于企业内部，并通过线性的内部活动取得经济效益。这是因为传统的企业在激烈的行业竞争中，主要关注的是成本控制环节，以降低成本来达到利润最大化的主要目标，而将其他环节委托于其他企业或甚至完全忽视了它们。总之，传统价值链间的差异主要由产品的成本差异决定，更低廉的成本或更高效的经营战略成为企业竞争优势的关键因素。早期的价值链局限于企业内部的运营过程，只看到短期的经济利益，缺少对环境、社会等企业以外的其他资源的关注，因此又被称为内部价值链。

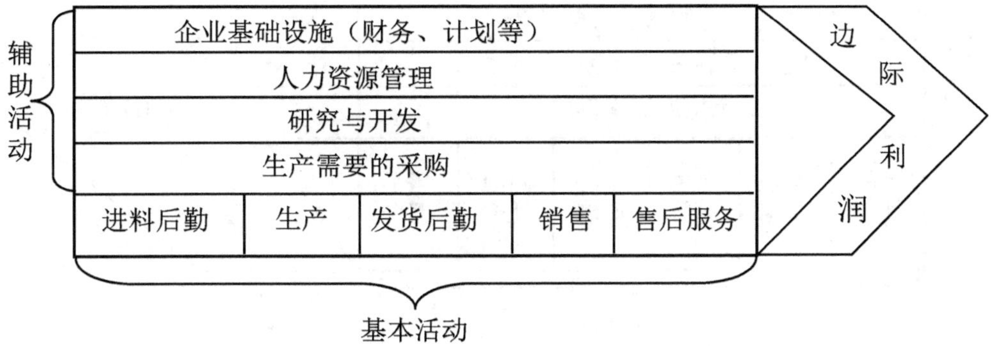

图 5-1　传统价值链示意

3. 环境价值链。企业在产品增值过程中，将有用的原料为己所用，而将没用的部分舍弃。这一过程本身就是在耗竭有限资源、污染生态环境。当其速度远远超过自然的净化、恢复能力时，环境问题便会越加严重，直接影响人类的生活品质。随之，各国环保法规出台，消费者的环保意识也逐渐增强，拥有良好环保措施的企业受到公众的广泛青睐。企业为赢得竞争优势，需重构环境价值链。也就是说，它会改变传统价值链的线性思维模式，克服其不完备的局限性，既考虑产品被消费前所创造的价值（内部价值链），也关注产品废弃处理所创造的价值（外部价值链）。通过综合考虑自然保护、资源利用、成本效益等价值因素，将它们渗透至产品设计、制造、包装、运输、使用到报废处理或资源再用的一系列产品全生命周期活动中。如图 5-2 所示，环境价值链相比原来的价值链，范围向内深化、向外延伸。现今的环境价值链，内容更加丰富，从正向价值链和逆向价值链的多个方向更全面地反映了产品整个生命周期中的价值变化状况，对在其背景下进行的企业管理研究具有更深远的意义。

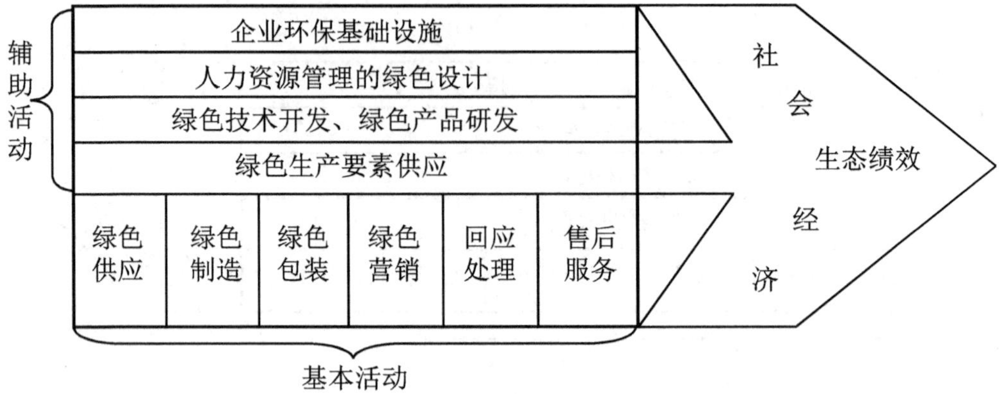

图 5-2　环境价值链示意

（二）环境价值链的分析步骤

环境价值链作为一种分析法，充分考虑了环境保护和可持续发展因素，从循环角度出发重塑价值链，有助于企业赢得竞争优势。其主要步骤如下：

1. 确认主要角色。企业的内部主体即是企业内部的各个事业部、分公司、职能部门，也是传统价值链的主体；外部主体包括生产商、经销商、客户、回收商、政府机构等。环境价值链分析通过确立主体，了解各主体的个体目标，一方面，可以形成主体间的关系网，以达到整体成本下降、资源利用率上升、利润增加的目的；另一方面，通过了解这些相互冲突的目标，使各类主体之间达成环境改善的共识，形成正确的价值理念和利润分配。

2. 掌控“三流”流向。资金流就是价值链主体间的货币流通，资金的及时回收保障了企业的正常运作，该流程的外部方向一般是由消费者经由经销商指向供货商。物流主要是物资（商品）的流通过程，这是一个发送货物的程序，该流程的方向与资金流正好相反。信息流是商品及交易信息的流程，该流程是在主体间双向流动的。对环境价值链来说，资金流是内容，物流是过程，信息流是手段，通过对信息流、物流、资金流（以下简称“三流”）互动途径的控制可以将各主体连成一个整体的关系网络结构模型。

3. 实现绩效目标。环境价值链是一个实现环境价值增加的活动过程。对于环境价值的理解，众说纷纭，本节借鉴了“环境价值是指环境对人类生存和发展的功效或意义”一说，以此为根据将环境价值链的绩效目标分为绿色经济效益、生态效益、社会效益三种。最后以这些绩效目标为导向，尽量消除非增值性环节和非环保性环节，保证达到利润最大化和环境保护的双赢目标，建立最佳环境价值链网络。

（三）环境价值链应用于环境审计评价的可行性

首先，环境价值链是由从物料供应开始到产品废弃回收处理的一系列环境价值增减的活动构成的。既能够反映企业内部的整体经济活动状况，也能够反映企业与其他相关者、社会、环境的依存关系，很好地体现了环境审计的理念。其次，环境审计的体系标准构建至少需做到以行业为单位，同一行业的环境价值链所涉及的作业环节一般相同，基于环境价值链建立评价体系可以提高环境审计的工作效率和质量，更好地满足环境审计实践的需要，还可以提高信息的透明化。最后，环境价值链分析过程有序，可以全面地反映企业在环境方面的作为，企业可以对环境审计的不良结果作出针对性的“免疫”和“治疗”。

二、外部环境价值链的设计

“价值链”的概念最早由迈克尔·波特（1985）提出，将其定义为企业在设计、生产、销售、发送和辅助其产品的经营过程中不断创造价值的种种活动的集合体。而根据企业增值活动的特征，价值链可分为内部价值链（设计、采购、生产、销售）和外部价值链［上游供应商、下游销售商（客户）］。笔者认为，企业外部价值链的环境绩效将对内部价值链的环境业绩产生协同效应，如供应链生态原料、成品环保价值、回收项目对接、营销（物流）管理等各阶段，都要求二者能够实现有效地衔接并相互作用，发挥外部价值链环境绩效评价的积极影响。由此，基于企业外部环保资料可获取性考虑，笔者将采取定性评价为主、定量评价为辅的原则，分别对上游供应商和下游销售商（客户）环节设计环境绩效评价指标。

（一）上游供应商环境绩效评价指标设计。具体评价指标见表5-11。

表 5-11　上游供应商环境绩效评价指标

评价内容	评价指标
环境方面认证、奖惩情况（A）	是否具备环境管理体系 ISO14001(A1)
	当年获得环保奖项情况（A2）
	当年是否发生重大环境污染（A3）
	当年是否有环境行政处罚情况（A4）
企业内部环境管理或规范（B）	是否符合职业健康安全管理体系 OHSASI8001(B1)
	是否设立“环境管理委员会”相关部门（B2）
	是否实行“环境保护三同时制度”（B3）
	是否实行“清洁生产”(B4)
	“三废“排放是否达标（B5）
	环境教育培训次数比例 %= 环境教育培训次数 / 职工教育培训总次数 %(B6)

表 5-11　上游供应商环境绩效评价指标　　续表

供应物资人（含运输贮存、处理过程）的环保清况（C）	是否具备质量管理体系 ISO14001(C1)
	环保产品定价水平 %= 单位环保产品售价 / 同性能产品均价 ×100%(C2)
	获得环保标志产品比率 %= 环保标志产品种类 / 产品总类别 ×100%（C3）
	运输中是否发生溢散、泄漏、渗漏事故（C4）
	是否采取安全仓储（专用储罐保存）（C5）
	产品损坏率 %= 最终完好成品数 / 总供应数 ×100%(C6)
供应商财务状况（D）	环保投入比率 %= 环保投入资金 / 营业收入 ×100%(D1)
	净资产收益率 = 净利润 / 平均净资产 ×100%(D2)
	盈余现金比率 %= 经营活动产生的现金净流量 / 净利润 ×100%（D3）
	营业收入增长率 %= 本期营业收入增长额 / 上期营业收入 ×100%（D4）
商家信用等级（E）	是否为企业长期合作商家（E1）
	交货期延迟次数 / 年（E2）
	合同违约比率 %= 年度违约次数 / 年度签约合同数 ×100%

上游供应商在向企业提供能源、原料、设备、初级产品等系列经济活动中形成了上游价值，而供应商企业的环境绩效水平则将决定外购物资在初次利用以及最终废弃阶段能否保障最低限度的环境影响。因此，合理选择绿色供应商是企业实现外部环境绩效评价的基础。笔者经过前期调研，建议从五个方面进行评价：

（1）环境方面认证、奖惩情况。这能够初步判定供应商环境资质等级和外部环境表现，属于基础性评价标准。

（2）企业内部环境管理或规范。这将反映供应商对内部环境监管和相关政策的执行力度。

（3）供应物资（含运输、贮存、处理过程）的环保情况。这能够体现企业在“采购、运输方式、入库状态”等一系列环节的环境效益和经济效益需求。

（4）供应商财务状况。笔者选取“环保投入比率”指标评价企业对环保资金的使用情况，直接表现企业对环境绩效管理的财力支持；并选取“净资产收益率、盈余现金比率、营业收入增长率”等指标反映供应商企业的盈利状况、经营效率及资金流动性等信息，通过分析其盈利质量和发展能力，评价供应商企业的持续供应能力，判断是否将其作为企业的长期合作供应方。

（5）商业信用等级。反映企业间经济往来的频率，从经济盈利考虑，作为供应方的选择依据。

（二）下游销售商（客户）环境绩效评价指标设计。具体评价指标见表 5-12 所示。

表 5-12　下游销售商环境绩效评价指标

评价内容	评价指标
社会形象（F）	是否具备质量管理体系 ISO9001(F1)
	是否具备环境管理体系（F2）
	当年获得环保奖项情况（F3）
	当年是否发生重大环境污染（F4）
地理位置(G)（目标市场）	分销地区人均 GDP 值（万元）（G1）
	同类产品主要竞争商家（家）（G2）
合作关系(H)	是否为企业长期合作商家（H1）
	是否设立回收项目对接（H2）
分销过程（含运输、贮存、处理过程）的环保情况(I)	是否配备环境污染应急预案（I1）
	是否采取安全仓储（I2）
	运输中是否发生溢散、泄漏、渗漏事故（I3）
销售商（客户）对财务情况（J）	环保投入比率 %= 环保投入资金 / 营业收入 ×100%（J1）
	流动资产比率 = 流动资产 / 流动负债（J2）
	存货周转率（次数）= 营业收入 / 存货平均余额（J3）
	销售获现比率 %= 销售商品、提供劳务收到的现金 / 营业收入 ×100%(J4)

制造商企业通过销售产品给销售商的经济活动形成下游价值，而在营销过程中，制造商和销售商都应减少产品在使用过程中对环境的负面影响，并主动承担污染性废旧品的回收任务，提高企业环境绩效水平。因此，制造商需要和下游销售商在环保意识、环保投入上达成共识，定期对销售商企业展开环境绩效评估工作。经过调研，建议从五个方面进行评价：

（1）社会形象。对销售商区域内的企业社会环保形象或环境外部认可度进行基本评价，使制造商在销售产品时通过销售渠道获得更好的口碑。

（2）地理位置（目标市场）。制造商出于盈利目的，在挑选销售商时必须对分销地区的竞争环境作详尽分析，由于环保产品价格普遍偏高，而分销地区的人均购买力将对购买意愿产生直接影响。

（3）合作关系。主要评价销售商在后期对废旧回收项目的落实，以及在环保措施上是否长期合作。

（4）分销过程（含运输、贮存、处理过程）的环保情况。这侧重评价销售商对紧急预案配备、安全仓储、污染事故采取的措施及实施效果。

（5）销售商财务情况。笔者选取“环保投入比率、流动资产比率、存货周转率（次数）、销售获现比率”等指标，不仅能从债权人角度分析销售商短期偿债能力，衡量企业当期支付能力，也能通过存货周转速度和销售收现情况，初步判断企业产品的销售形势，反映销售商企业存货管理效率、现有的市场竞争力水平，由此评价销售方的营销能力，看其能否占据更大市场份额。

三、外部环境价值链环境审计评价体系的应用

以宝钢股份、青岛海尔、上海石化、景兴纸业、巨化股份五家企业为例进行分析，涉及钢铁、电器、石化、造纸及塑料等易污染行业，且上述企业对外披露的环境报告或社会责任报告都相对完善。笔者拟通过对案例企业外部价值链环境信息的整理，分析外部价值链环境绩效指标是否具备可行性和可操作性，进而调整原有的评价指标。选取上述五家企业在 2014 年（最新）外部环境披露报告中公布的基础数据，分别站在供应商和销售商角度，将其环境绩效信息汇总如下（详见表 5-13 和表 5-14）：

表 5-13　上游供应商环境绩效信息汇总

评价内容	评价指标	宝钢股份	青岛海尔	上海石化	景兴纸业	巨化股份
A	A1	是	是	是	是	是
	A2	2014 年中国“绿”公司百强	第八届人民企业社会责任年度企业奖	无	全国节水型标杆企业称号	无
	A3	否	否	否	否	否
	A4	0	0	0	0	0
B	B1	是	是	是	是	是
	B2	能源环保部	节能减排委员会	无	环保办公室	环境管理部门
	B3	是	是	是	是	是
	B4	是	是	是	是	是
	B5	是	是	是	是	是
	B6	827 人，240 课时	未披露	20 人	23 次（240）	15 期
C	C1	是	是	是	是	是
	C2	未披露	未披露	未披露	未披露	未披露
	C3	6.40%	5 类产品	4 类产品	3 类产品	未披露
	C4	否	否	否	否	否
	C5	是	是	是	是	是
	C6	未披露	未披露	未披露	未披露	未披露
D	D1	1.70%	0.05%	未披露	2.62%	0.82%
	D2	5.07%	22.86%	-4.32%	0.39%	2.24%
	D3	4.64%	1.05%	无	144.97%	3.80%
	D4	-1.20%	2.65%	-11.56%	-4.41%	0.28%
E	E1	是	是	是	是	是
	E2	未披露	未披露	未披露	未披露	未披露
	E3	未披露	未披露	0%	未披露	未披露

表 5-13 中指标“产品损坏率（C6）、交货期延迟次数（次 / 年）（E2）、合同违约比率（E3）”由于属于企业内部的商业信息，故暂时难以从报表中获取，只有上海石化进行了披露，然而从经济效益来看，这些因素属于供应商选择的必备因素，是保障企业实现环保效益的前提。同时，企业供应商管理平台的完善及双方贸易与合作的频繁，会降低内部信息获取难度，这都将有利于上述评价指标的实际应用。因此，笔者认为这些指标需要保留，将能有效地服务于企业采购系统。

而“环保产品定价水平（C2）”的数据收集难度过大，且考虑到企业产品类型不同，定价水平不可比，可操作性较差，故该指标将被剔除。此外，对于“环境教育培训次数比例（B6）和获得环保标志产品比率（C3）”这两个指标，由于企业采用的披露方式有差异，导致评价指标难以定量统计，笔者认为将其调整为“是否实施环境教育培训（B6）、是否生产绿色（环保标志）产品（C3）”更适合普遍的工业企业。

表 5-14　下游销售商环境绩效信息汇总

评价内容	评价指标	宝钢股份	青岛海尔	上海石化	景兴纸业	巨化股份
F	F1	是	是	是	是	是
	F2	是	是	是	是	是
	F3	2014 年中国“绿”公司百强	第八届人民企业社会责任年度企业奖	无	全国节水型标杆企业称号	无
	F4	否	否	否	否	否
G	G1	全国海外	全国海外	主要珠三角地区	全国	全国
	G2	未披露（无法判定）	未披露（无法判定）	未披露（无法判定）	未披露（无法判定）	未披露（无法判定）
H	H1	是	是	是	是	是
	H2	是	否，仅内部回收	是	是	是否，仅内部回收
I	I1	是	是	是	是	是
	I2	是	是	是	是	是
	I3	否	否	否	否	否

表 5-14　下游销售商环境绩效信息汇总　　续表

J	J1	1.70%	0.05%	未披露	2.62%	0.82%
	J2	0.83	1.43	0.76	1.35	1.87
	J3	5.84	8.92	12.03	6.38	12.64
	J4	117.48%	102.75%	116.66%	122.06%	120.60%

表 5-14 中除地理位置（目标市场）（G）类指标外，其余指标均能从相关报告中直接获得，而且 G 类指标中案例企业只披露了产品（业务）涉及的经营区域，信息过于宽泛，难以定位目标市场，缺乏量化性信息。同时，销售商品（业务）性质不同，竞争环境不同，导致市场需求和购买力有差异。基于指标实用性考虑，研究剔除了该类指标，对下游销售商的评价将从四方面展开。另外，由表 5-13 和表 5-14 中的数据可知，案例企业之间外部价值链环境绩效中大部分定性类指标差别不大，有差异的主要表现在“财务情况（D/J）”等定量指标方面。

综上所述，当环境状况或环境管理类指标表现相近时，财务指标将成为供应商或销售商备选的主要依据，这也与实际相符，当外部环境认可一致时，企业偏向选择经营效益更好的供应方或销售方，这样才能保证更稳定的、长期的商业往来。结合表 5-13 和表 5-14 的案例企业信息分析，笔者对外部价值链环境绩效评价指标进行了调整（见表 5-15），供应商环境绩效评价涉及五个方面，共 22 个指标；销售商（客户）环境绩效评价涉及四个方面，共 13 个指标，共同构成企业外部价值链环境绩效评价指标体系，具有较强的可行性和实用性，从而帮助企业实现客观、真实的环境绩效评价。

表 5-15　外部价值链环境绩效评价指标

<table>
<tr><th>评价对象</th><th>评价内容</th><th>评价指标</th></tr>
<tr><td rowspan="22">上游供应商</td><td rowspan="4">环境方面认证、奖惩情况</td><td>是否具备环境管理体系 ISO14001</td></tr>
<tr><td>当年获得环保奖项情况</td></tr>
<tr><td>当年是否发生重大环境污染</td></tr>
<tr><td>当年是否有环境行惩处罚情况（单位：万元）</td></tr>
<tr><td rowspan="6">企业内部环境管理或规范合作关系（H）</td><td>是否符合职业健康安全管理体系 OH-SAS18001</td></tr>
<tr><td>是否设立“环境管理委员会”相关部门</td></tr>
<tr><td>是否实行“环境保护三同时制度”</td></tr>
<tr><td>是否实行“清洁生产”</td></tr>
<tr><td>“三废”排放是否达标</td></tr>
<tr><td>是否实施环境教育培训</td></tr>
<tr><td rowspan="5">供应物资（含运输、贮存处理过程）的环保情况</td><td>是否具备质量管理体系 ISO9001</td></tr>
<tr><td>是否生产绿色（环保标志）产品</td></tr>
<tr><td>运输中是否发生溢散、泄漏、渗漏事故</td></tr>
<tr><td>是否采取安全仓储（专用储罐保存）</td></tr>
<tr><td>产品损坏率 %= 最终完好成品数 / 总供应数 ×100%</td></tr>
<tr><td rowspan="4">供应商财务状况</td><td>环保投入比率 %= 环保投入资金 / 营业收入 ×100%</td></tr>
<tr><td>净资产收益率 = 净利润 / 平均净资产 ×100%</td></tr>
<tr><td>盈余现金比率 %= 经营活动产生的现金净流量 / 净利润 ×100%</td></tr>
<tr><td>营业收入增长率 %= 本期营业收入增长额 / 上期营业收入 ×100%</td></tr>
<tr><td rowspan="3">商业信用等级</td><td>是否为企业长期合作商家</td></tr>
<tr><td>交货期延迟次数（次 / 数）</td></tr>
<tr><td>合同违约比率 %= 年度违约次数 / 年度签约合同数 ×100%</td></tr>
<tr><td rowspan="13">下游销售商（客户）</td><td rowspan="4">社会形象</td><td>是否具备质量管理体系 ISO9001</td></tr>
<tr><td>是否具备环境管理体系 ISO14001</td></tr>
<tr><td>当年获得环保奖项情况</td></tr>
<tr><td>当年是否发生重大环境污染</td></tr>
<tr><td rowspan="2">合作关系</td><td>是否为企业长期合作商家</td></tr>
<tr><td>是否设立回收项目对接</td></tr>
<tr><td rowspan="3">分销过程（含运输、贮存、处理过程）的环保情况</td><td>是否配备“环境污染”应急预案</td></tr>
<tr><td>是否采取安全仓储（专用储罐保存）</td></tr>
<tr><td>运输中是否发生溢散、泄露、渗漏事故</td></tr>
<tr><td rowspan="4">销售商（客户）财务情况</td><td>环保投入比率 %= 环保投入资金 / 营业收入 ×100%</td></tr>
<tr><td>流动资产比率 = 流动资产 / 流动负债</td></tr>
<tr><td>存货周转率（次数）= 营业收入 / 存货平均余额</td></tr>
<tr><td>销售获现比率 %= 销售商品、提供劳务收到的现金 / 营业收入 ×100%</td></tr>
</table>

调研发现，我国工业企业环境信息披露体系并不完善，部分企业虽对外公布了社会责任报告，但对环境绩效披露较少，缺乏实质性环境信息。相较之，环境报告书和可持续发展报告则更具专业性和实用性，

但国内工业企业披露这两种报告的数量比例更低，大多是行业代表企业会发布相关文件。同时，较低的政策性约束和较高的环境管理成本，也导致国内企业环境保护意识不强、披露环境信息的积极性不高。这都将加大企业环境绩效评价的执行难度，也为各行业环境绩效评价指标的设计带来困难。因此，面对企业的生态经济发展，政府必须加强干预，采取新政策和措施强制要求各企业进行环境报告披露，严格统一环境信息披露内容，更好地落实环境管理工作，提高企业环境管理的质量而非流于形式。

第四节　内部环境价值链

一、内部环境价值链的分析

（一）内部环境价值链的总体分析

内部环境价值链主要由以下两个部分组成：基本活动和辅助活动。企业内部的基本活动由四个阶段组成：产品设计、生产、销售和回收；企业的辅助活动主要从政策和管理上分析，涉及环境政策和环境管理体系等方面，可为企业在环境问题上的治理提供安全保障。

（二）产品设计分析

产品设计作为企业经营活动中最初的环节，应本着绿色清洁的标准进行。产品设计不仅要保证产品的功能、质量等符合一些基本的要求，而且要使之符合环境保护的目标，并且在设计产品时要考虑到产品在接下来生命周期的一些环境属性，如可重复性、可拆卸性、可回收性等。虽然产品设计并不会直接影响环境，但在产品设计时赋予产品的一些功能可能会在接下来的产品生产、销售和回收阶段对环境产生影响。因此，对产品设计的绩效审计，应着重关注以下几个方面：

1. 在产品设计过程中，原材料的预计消耗量和产品的能源消耗量将被审查，这些消耗量要被控制到最低，按照最低标准来进行设计；

2. 污染预防审计，包括材料是不是环保材料，材料是不是易降解的材料，产品材料是否可以被回收再次利用；

3. 审核在产品设计中是否考虑到废弃物的排放和回收处理等问题。因此，在环境审计的评价过程中产品设计指标下的二级指标有单位产品使用中的废弃物产量、单位产品消耗的原材料数量、单位产品使用中的能源消耗量和单位产品的能源消耗量。如图 5-3 所示。

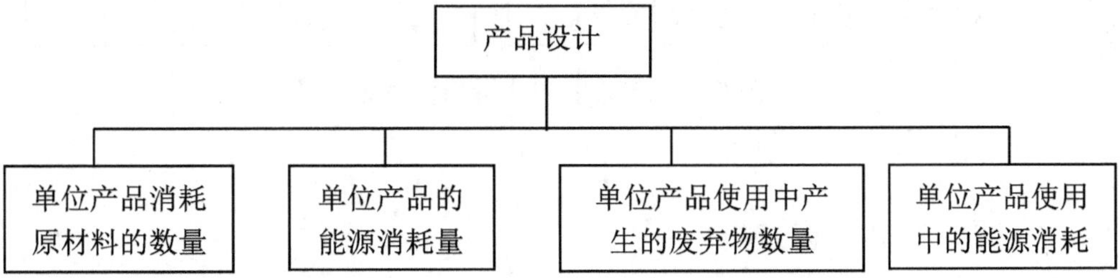

图 5-3　产品设计分析指标体系

（三）产品生产分析

产品生产作为重要的企业活动，产生的环境后果不可忽视。因此，在这一过程中，我们应注重环保，采用绿色清洁生产，减少对环境造成的污染。绿色生产的最终目标是降低污染、环保清洁，要达到这一目标需要注意以下两个方面：一是要选用少污染、可循环、易降解的材料，使得原材料在企业经营活动中达到反复利用；二是采用新工艺、新技术，提高原材料的利用率，减少生产过程中产生的各种污染，达到废弃物减量化、无害化和资源化。这个环节审计的重点应放在绿色生产审计和废弃物排放审计上。绿色生产审计是指审计部门对企业在生产过程中采用绿色生产方法后在减少消耗、节约能源和提高效率方面取得的成果进行审核评估，希望企业生产可以符合环保排放标准和清洁生产标准。废弃物审计是指审计部门对企业如何处置废弃物、是否参与废弃物交互计划和对一些突发的污染事件的处理措施进行审核，以使废弃物的排放可以达到最少。基于此，在进行环境审计评价时，产品生产指标下的二级指标有排污达标率、单位产品固定废弃物产量、噪声、能源利用率和单位产品废水产量。如图 5-4 所示。

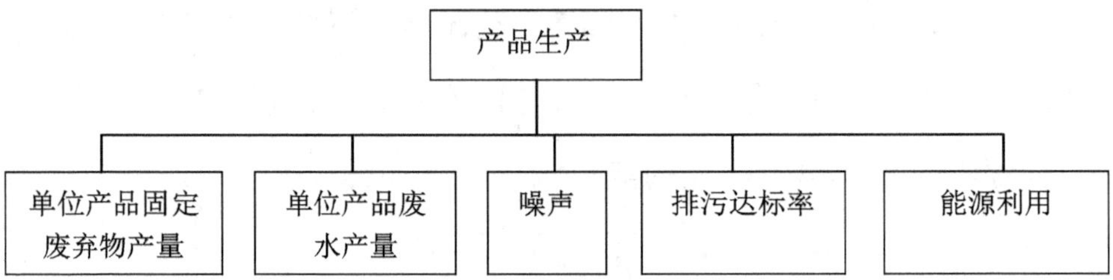

图 5-4　产品生产分析指标体系

（四）产品销售分析

产品销售意味着产品价值的实现，在产品销售中要达到绿色环保，应注意绿色信息的收集、绿色资源的开发、绿色服务的提供和绿色消费的鼓励。衡量一件产品的销售活动的有效性是看它是否达到了绿色清洁的标准。这一标准包括销售活动对可持续发展的影响程度、产品对社会和自然的安全度、社会公众对销售活动的接受程度和客户满意度。绿色销售作为绿色管理的突出表现，很好地贯彻了引导环境健康发展、维持生态平衡的理念，协调了企业的未来发展与社会效益。这一环节的环境审计要审核企业是否在产品销售中采用了绿色理论，是否向消费者提供了经济有效的绿色服务，是否及时满足了消费者的环保需求。在对企业进行环境审计评价时，产品销售指标下设的二级指标主要有消费者对产品的认可程度、企业在引导绿色消费方面的努力程度、公众与其他机构对企业绿色形象的认可程度、绿色决策在营销中的作用。如图 5-5 所示。

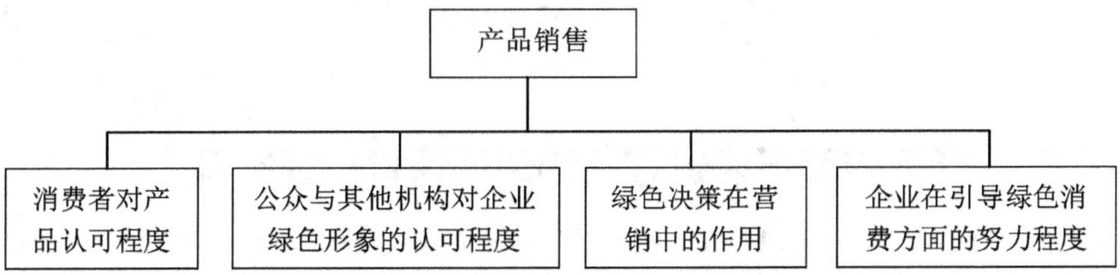

图 5-5　产品销售分析指标体系

（五）产品回收分析

产品回收是环境价值链的最后一环，因此产品回收分析着重于对废弃物回收利用的技术可行性和经济合理性进行分析。产品回收处理所遵循的标准是绿色清洁，目的是对回收的废旧物品的再循环利用。企业若要获得经济发展和生态保护“双赢”的结果，在产品回收中，实现经济绿色就非常迫切和重要。因为假设不考虑废弃品回收的问题，那么企业在后续的环境治理方面可能要投入更大的成本，如此经济效益将受到影响，从长远来看，甚至会出现亏损，也不利于企业形象的塑造，最终将影响企业的长期发展。

因此，环境审计应审核：企业的废弃物回收处理的有效性，分类回收处理方案的可行性，废旧物品的可循环性和再利用率，不可回收部分处理是否及时无污染。开展企业环境审计评价时，产品回收指标包括的二级指标有产品回收处理最终废弃物产量、产品回收处理阶段的能源消耗、产品回收率。如图 5-6 所示。

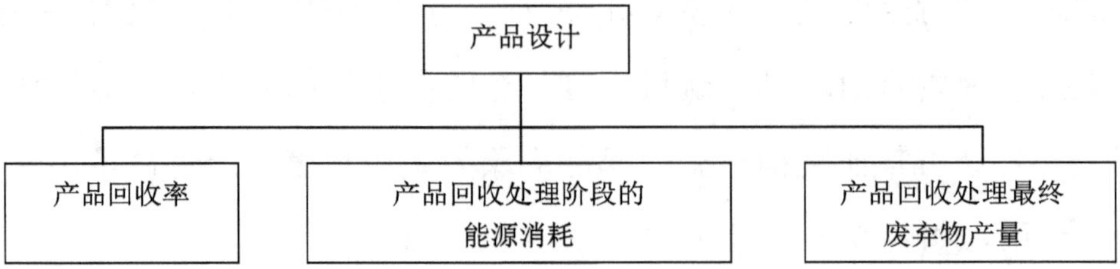

图 5-6　产品回收分析指标体系

二、基于内部环境价值链的环境审计体系构建

在企业环境价值链中，基本活动是重点，辅助活动是补充。基本活动包括四个方面：产品设计、生产、销售和回收；辅助活动包括企业环境管理系统和环境政策两方面。基于层次分析法对各因素之间的相互作用进行分析，使用德尔菲法分析定性指标，最终形成一个多层次的结构模型，由低到高分别是指标层、准则层和目标层。然后，运用层次分析法来分析指标层中的各个指标，先根据指标的属性将其分为定性和定量两类，采用不同的核算方法对每一层指标的分值进行核算比较，得出这一层指标的权重，再逐级往上推进，最后确定各指标的权重系数。

（一）指标选取

1. 目标层分析。目标层是对企业综合环境绩效的评价，是企业环境审计指标体系的最顶端。对目标层的分析从环境价值链的基本活动和辅助活动两个方面进行。本节基于环境价值链的视角对环境审计指标体系进行研究，企业的基本活动和辅助活动基本包括了企业的所有经营活动，这两项活动下面又可被细分为好几项具体的活动，对这两项活动进行分析，可以从整体上更全面地了解企业环境绩效的好坏。

2. 准则层分析。作为企业环境审计指标体系的第二层，准则层是对目标层的进一步细分。准则层的具体指标有环境政策、环境管理系统、产品回收、产品销售、产品生产和产品设计。产品设计指标的评估可以有效地从源头审核企业是否在环境价值链第一环节就考虑到产品未来对环境的影响；产品生产指标可被用于对产品在生产过程中产生的资源浪费或环境污染情况进行评估，设定产品生产这一指标有利于督促企业在产品生产中秉承“清洁生产”的理念；产品销售指标是一项定性指标，无法用具体的数据来衡量它的优劣，对产品销售指标的审计重点在于了解消费者对产品和企业环保程度的认可与否，从这一项指标中企业可以了解公众眼里自己的绿色形象是否合格，以便企业在未来有针对性地完善；产品回收指标可以说是准则层中最能体现企业对环境的重视程度的指标，企业将产品顺利销售出去，产品的价值和企业的效益已经实现，如何处理回收的废弃物则能看出企业的社会责任感；环境政策和环境管理系统指标也是定性指标，主要从决策层面分析企业对环境管理的重视程度。

3. 指标层分析。指标层是企业环境审计指标体系的第三层，它是对准则层各个指标的更详细的阐释，本节将指标层的指标细分为22个具体的小指标。

（二）指标权重确定

1. 定量指标权重的确定。由于环境审计指标体系中各个指标的衡量标准的不同，为了方便统一分析核算，需要用到变异系数，以此来评价各个指标取值的区别程度。定量指标的计算步骤如下：①先分别核算出各指标的标准差，平均数；②再得出各指标的变异系数；③最后以某个指标的变异系数除以这一层所有指标的变异系数的总和，得出的 vb 比率就是这一指标所占的权重。以产品生产为例，计算各具体指标的分值，并得出平均数是 5，标准差是 3，套用公式算出变异系数为 V=3/5=0.6；各项准则层指标的变异系数总和为：0.3+0.6+0.7+1.3+0.8+0.5=4.2，那么产品生产的权重为：0.6/4.2=0.14. 因此，按照尚书方法对其余的各个指标进行计算，算出的结果具体如表 5-16 所示。

表 5-16　环境价值链准则层各个因素在总体审计评价中的权重

准则层	产品设计	产品生产	产品销售	产品回收	环境政策	环境管理系统	合计
变异系数	0.3	0.6	0.7	1.3	0.8	0.5	4.2
权　　重	0.07	0.14	0.17	0.31	0.19	0.12	1.00

2. 定性指标权重的确定。计算指标层中定性的指标，我们采用德尔菲法，即选取一定数量的专家，学者作为调查对象，让其对各级指标进行评级，然后将结果反馈给调查人员，由他们经过计算确定指标值。选取 10 位专家学者对准则层的定性指标进行评级，评分分为四个等级："好"，85 ～ 100 分；"较好"，75 ～ 85 分；"一般"，50 ～ 70 分；"较差"，30 ～ 50 分；"差"，0 ～ 30 分。专家根据自己的主观判断得出各个定性指标的分值，由调查者进行计算分析，得出相关的数据，最终计算出各指标的加权平均值，结果如图 5-7 所示。

准则层	指标层	加权平均分
产品销售	消费者对产品的认可程度	65.2
	公众与其他机构对企业绿色形象的认可程度	77.8
	绿色决策在营销中的作用	69.5
	企业在引导绿色消费方面的努力程度	81.3
环境政策	环境目标和方针	71.2
	环境管理制度	66.7
环境管理系统	环境污染防纠正措施的有效性	64.9
	企业员工环境教育培训费用比率	68.5
	企业环保机构参与各个基础活动的程度	73.4
	企业环保认证情况	75.0

图 5-7　指标层中定性指标评分

（三）环境审计的综合评价

假设企业最后的综合环境审计结果为：0 ～ 30 分，“差”；30 ～ 50 分，“较差”；50 ～ 70 分，“较差”；75 ～ 85 分，“较好”；85 ～ 100 分，“好”。采用加权平均法，计算出从底部到顶端每一层的分值，以产品生产为例：产品生产为价值链的第二层，它的下设指标有五个，分别为：排污达标率，能源利用率，单位产品废水产量，单位产品固定废弃物产量和噪声。假设根据层次分析法计算出这五个指标在产品生产中所占的权重分别为 0.20、0.17、0.21、0.23、0.19，假定第三层的五个因素的分值分别为 35、40、37、35、33，则产品生产的分值 =0.20×35+0.17×40+0.21×37+0.23×35+0.19×33=35.9。由上可知，对于企业综合环境绩效而言，产品生产所占的权重为 0.14，因此产品生产在企业全部经营活动中价值链中的综合绩效分值：产品设计（2.530），产品销售（6.624），产品回收（10.870）。环境政策（7.230），环境管理系统（4.560）。

根据以上分析，可计算出环境价值链的综合绩效分值，公式可以表示为：产品设计总分 × 相应的权重 + 产品生产总分 × 相应的权重 + 产品销售总分 × 相应的权重 + 产品回收总分 × 相应的权重 + 环境政策分值 × 相应的权重 + 环境管理系统总分 × 相应的权重，最终可以得到企业环境绩效的综合分值为 36.840，处于一般水平。

三、内部环境价值链环境审计评价体系的应用

中国石油化工集团公司（Sinopec Group)(简称“中石化”）是中国最大的石油化工集团，是 1998 年重组后形成的大型石油石化集团，是国家授权投资和控股的国有企业，集团主要经营石油的一条龙生产销售业务和天然气煤化工等产品的生产销售等。作为一家大型能源化工集团，中石化很关注公司的环境问题。绿色低碳的环保理念是公司未来的发展战略之一，它坚持清洁低碳发展，走了白色低碳的生产道路，有自己一套完善的绿色系统，从原材料到产品回收，每一步都努力做到清洁环保。它的这一套系统很符合企业环境价值链这一整个流程，具体如图 5-8 所示。

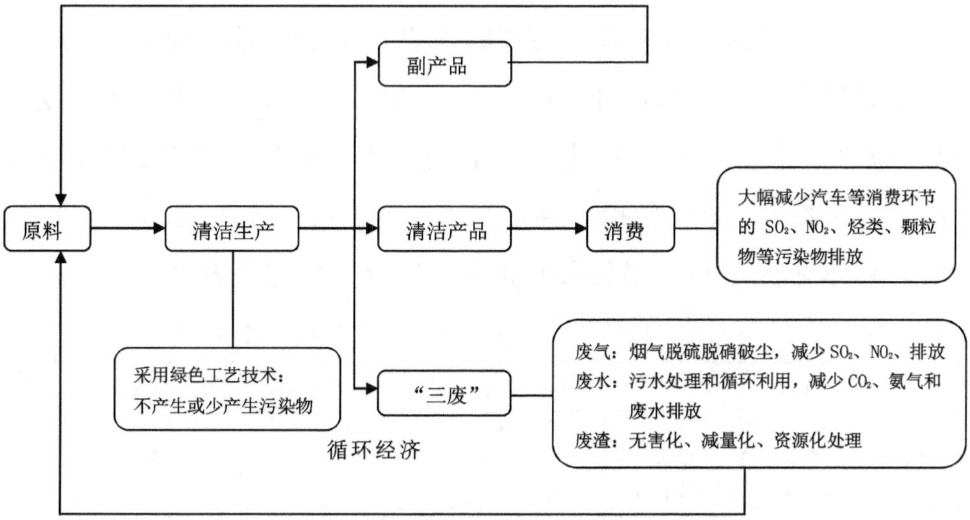

图 5-8　中石化的绿色系统

（一）中石化的环境审计评价

为了对中石化的环境绩效进行审计评价，选取 2012 年中石化的可持续发展报告和社会责任报告作为材料，针对重要性，该行业内的专家给予定量表示，由调查者计算各因素的标准差、平均数，然后计算出相应的变异系数，最后，运用定量分析的方法，得出每个具体指标相对重要性的权重。定性指标的测量采用德尔菲法，通过专家学者评分的方式来得出各因素相对上一级指标的权重，最终得出中石化的综合环境审计指标体系。

（二）指标层各指标权重的计算

本节对中石化环境审计指标的计算，选取了该领域的 10 位专家，对他们进行问卷调查，由他们对指标层的各个具体指标进行定量评估，评估的标准是“好”，85 ～ 100 分；“较好”，75 ～ 85 分；“一般”，50 ～ 70 分；“较差”，30 ～ 50 分；“差”，0 ～ 30 分。根据专家给出的各项指标的定量分值，计算这些指标的标准差、平均数、套用公式得出变异系数。以铲平回收为例，产品回收下的各具体指标的定量化分值分别为：产品回收处理最终废弃物产量（54）、产品回收率（61）、产品回收处理阶段的能源消耗（58）。计算这些指标的平均数和标准差，结果分别为 57.7 和 4.970，最后依据变异系数法的计算公式得出各指标的变异系数为 0.09，各指标相对产品回收的权重分别是：0.35、0.34、0.31，具体见表 5-17。最终所有指标层指标的权重见表 5-18。

表 5-17　中石化产品回收具体指标的计算

<table>
<tr><th>指标</th><th>实际值</th><th>平均值</th><th>标准差</th><th>变异系数</th><th>权重</th></tr>
<tr><td>产品回收率
产品回收处理阶段的能源消耗
产品回收处理最终废弃物产能</td><td>61
58
54</td><td>57.7</td><td>4.97</td><td>0.09</td><td>0.35
0.34
0.31</td></tr>
</table>

表 5-18　中石化环境审计指标体系综合评价

<table>
<tr><th></th><th>第二层</th><th>第二层权重</th><th>第三层</th><th>第三层权重</th><th>平均数标准差变异系数</th></tr>
<tr><td rowspan="7">第一层企业环境绩效综合评价</td><td>产品设计（10.38）</td><td>0.19</td><td>单位产品消耗原材料的数量（56）
单位产品的能源消耗量（60）
单位产品使用中产生的废弃物数量（49）
单位产品使用中的能源消耗量（52）</td><td>0.26
0.28
0.22
0.24</td><td>54 8.3 0.15</td></tr>
<tr><td>产品生产（13.996）</td><td>0.24</td><td>单位产品固定废弃物产量（56）
单位产品废水量（50）
噪声（63）
排污达标率（64）
排污达标率（55）</td><td>0.19
0.17
0.22
0.23
0.19</td><td>57.6　11.71
0.2</td></tr>
<tr><td>产品销售（7.51）</td><td>0.10</td><td>消费者对绿色产品的认可程度（80）
公众与其他机构对企业绿色形象的认可程度（73）
绿色决策在营销中的作用（72）
企业在引导绿色消费方面的努力（72）</td><td>0.27
0.24
0.25
0.24</td><td>75　11.71
0.2</td></tr>
<tr><td>产品回收（6.36）</td><td>0.11</td><td>产品回收率（61）
产品回收处理阶段的能源消耗（58）
产品回收处理最终废弃物产量（54）</td><td>0.35
0.34
0.31</td><td>75　6.16
0.08</td></tr>
<tr><td>环境政策</td><td>0.12</td><td>环境目标和方针（67）</td><td>0.54</td><td>62.5　6.36</td></tr>
<tr><td>（7.54）</td><td></td><td>环境管理制度（58）</td><td>0.46</td><td>0.1</td></tr>
<tr><td>环境管理系统（14.86）</td><td>0.24</td><td>企业员工环境教育培训费用比率（53）
企业环保机构参与各个基础活动的程度（58）
企业环保认证情况（65）
环境污染预防纠正措施的有效程度（69）</td><td>0.21
0.24
0.27
0.28</td><td>61.25　12.36
0.2</td></tr>
</table>

（三）准则层各指标综合绩效的计算

准则层各指标综合绩效的计算原理与指标层基本一样，需要计算各指标的得分，然后得出权重系数。还是以产品回收为例，指标层中产品回收各具体指标的权重为0.35、0.34、0.31，它们的定量分值对应为61、58、54，由此可计算出产品回收的分值=0.35×61+0.34×58+0.31×53=57.810，以此类推算出准则层的其他指标的分值，产品回收在其中的权重为0.11，那么产品回收在整个环境价值链中的综合绩效 =57.81×0.11=6.360，同理可算出其他指标的综合绩效分值，具体见表5-19。

表5-19　中石化的准则层指标计算

准则层指标	分值	权重	综合绩效
产品设计	54.62	0.19	10.38
产品生产	58.17	0.24	13.96
产品销售	75.15	0.10	7.52
产品回收	57.81	0.11	6.36
环境政策	62.86	0.12	7.54
环境管理系统	61.92	0.24	14.86

（四）环境综合绩效分值的确定

中石化企业环境审计体系的综合绩效分值为60.62(10.38+13.96+7.52+6.36+7.54+14.86)。通过对中石化环境绩效指标的分析，可看出中石化对环境的管理总体处于中等水平，由表5-18和表5-19可看出中石化对各项指标的重视程度还是有差异的，相对而言，在产品的生产和环境管理系统上的关注力比较大，而对产品销售、回收和政策方面相对比较忽视。想要未来更好地发展，建议在这三个方面加大工作力度。

第六章 主要研究结论与建议

第一节 主要研究结论

通过对环境审计的了解与研究，我们不难得出环境审计的主要研究结论。

（一）在审计主体上，应逐步开展国际联合审计

随着人类活动对环境的影响程度的加强，环境问题已经超越了国界并逐步发展为国际性的问题。全球性的臭氧层破坏、生物多样性锐减、气候变暖、海平面上升的问题成为世界各国面临的共同挑战，而且这些问题已随着经济活动的发展而扩散到全世界。面对国际性的环境问题，国际性的审计机关应将注意力集中于此，团结各国的力量来应对和处理，为全球经济和环境做出贡献。

（二）在审计对象上，应逐步开展对环境经济政策的审计

国际性的审计机关从一开始就将环境政策作为主要关注对象。通过经济来控制环境的方法主要有两种：强制执行环境法律法规和采用以市场为基础的经济手段来控制环境。在过去的计划经济体制下，我国偏重于强制执行环境法律法规这种方法。但是随着市场经济体制的建立，我国应逐渐改变为通过市场经济手段来控制环境。这是环境审计发展的必由之路，也是发展环境审计必须迈出的步伐。

（三）在审计依据上，应逐步完善法律体系

凡事都需要法律来保障。对政策进行环境审计，将要求我国在法律方面重新建立一个体系来维护审计的合法性。同时对绩效审计也进行一定的规划，使每一次的审计都合规合法，使审计主体和审计对象都得到合法的保障。

（四）在审计方法上，应逐渐发展绩效审计

在国际上，审计已经从普通的审计转向了绩效审计。环境问题是绩效审计关注的内容之一。英国国家审计署每年都要审计政府部门的账目，而审计的形式则包括政府财务审计和政府绩效审计。德国的审计重点也由合规性转向经济效益性，而且咨询服务在审计工作中占的比重越来越大。芬兰的审计重点从常规审计转向了绩效审计，联合审计和跟踪审计开始受到重视。由此可见，我国环境审计要想跟上国际审计的发展步伐，必须从财务收支审计转向绩效审计，并尽早发展和规范绩效审计。

第二节　低碳经济背景下我国环境审计的完善建议

（一）从审计主体角度来说，我国应扩充环境审计的主体

我国的审计一般分为政府审计、内部审计和社会审计。然而进行环境审计的主体却是以政府部门为主，这就导致了政府的责任过重，而且不利于管理。如果企业内部的审计部门和民间的审计机构能加入

环境审计的队伍中，将大大提升我国环境审计的发展速度，并且能使环境审计更好更快地融入人们的生活中，提高人们的环境保护意识。因此，首先，我国有必要对审计人员进行相关的知识培训，增加其对环境审计的了解，提高其业务能力。其次，我国有必要对企业内部的审计部门进行相关的整理和规范，安排审计人员定期对企业内部的环境进行审计。最后，我国有必要对政府的审计机关进行监督，增加政府信息的透明度，鼓励民众积极参与对审计机关的监督。

（二）从审计对象角度来说，我国应丰富环境审计的对象

我国现阶段的环境审计对象以资金和项目为主，但是我们可以发现环境审计发展比较好的国家已经将政府的政策和工程的发展列为审计对象。所以，首先，我国有必要将政府的政策纳入审计对象中。通常我国的政策是由国家颁布，再由当地政府进行相应的宣传来传播的。但是，对于居住在偏僻的山村中的信息闭塞的村民来说，及时地了解国家的新政策就不那么容易了，这对国家的建设会有很大的阻碍作用。还可以考虑将政府的审计结果作为政府官员的考核内容之一，以此激励政府官员。其次，我国有必要将工程的进展列入审计对象。在经济高速发展的今天，一个个大工程在全国各地兴起，然而工程进展到底如何，民众一概不知。这就需要政府将工程进展情况纳入审计范围，同时及时跟进工程的进展，及时发布审计报告，将审计结果透明化，让民众拥有更多的知情权。

（三）从审计依据角度来说，我国应努力完善法律体系

虽然我国已经建立了相对健全的法律来规范各项审计工作，但是我国的审计工作尚未发展成熟，这就需要在发展环境审计的同时完善我国的法律体系。首先，政府有义务和责任来健全我国的体系。在依

法治国的基本方针下，我国的需要得到一步步的完善，以保障人民的基本权益。其次，企业和会计师事务所有义务为规范我国的法律体系做出相应的贡献。

（四）从审计方法角度来说，我国应深化绩效审计和跟踪审计

深化绩效审计是环境审计发展的必由之路。德国、荷兰、英国等国家的审计都已经开始从普通审计向绩效审计转变，我国应该抓机遇，尽早改变我国的审计模式。我国现在的绩效审计主要是国有企业内部针对资金进行的事后审计。所以，我国应该深化绩效审计。完善审计主要是跟踪审计。跟踪审计能有效避免事后审计，但是跟踪审计在我国的实行范围不够广泛，实行对象不够丰富，能进行跟踪审计的人员也比较稀缺。由此可见，我国还需很长一段时间来完善和发展绩效审计和跟踪审计。

第三节　低碳经济背景下我国环境审计的发展方向

虽然我国在环境保护方面取得了一些成绩，但环境形势依然严峻，而构建适应国际变化以及符合自身特点的具有中国特色的环境审计，对环境保护有着至关重要的作用。环境审计的未来发展应以低碳发展为目标，以国家大的方针为导向，以企业社会责任为基础。

一、以低碳发展为目标的环境审计

2017 年 2 月，我国发布了《2016 年中国低碳发展报告》，报告显示，我国在“十三五”期间，基本实现了 30% 的节能目标。但在我国城镇化、工业化和现代化加速发展的时期，要达到在 2020 年我国单位 GDP 的二氧化碳排放最比 2005 年下降 40% ～ 50% 的承诺，仍要在低碳减排、碳交易市场的构建方面做出很大的努力。以低碳发展为目标的环境审计是未来的趋势，低碳审计实际就是环境审计在低碳经济领域的扩展。在如今的低碳经济时代，要做到及时有效地应对气候变化，需要在以下几个方面努力。

（1）需要公众增强低碳意识，增加有关低碳生活、低碳出行、低碳消费等方面的宣传。

（2）需要作为社会基本单位的企业做好结构低碳、基地低碳、方式低碳。

（3）需要国家加快有关低碳的法律法规的立法工作，并加大在新技术开发、能源结构优化、产业结构转型方面的资金投入。

（4）需要独立的审计单位对节能减碳方面的行为进行监督与鉴证，从而确保政策得当、资金运用合理、企业履行低碳责任、公众的意识增强。

二、以国家大的方针为导向的环境审计

环境审计是以整个社会的环境治理与生态保护为出发点，谋求社会、经济与自然的和谐发展的审计活动。作为一项为可持续发展而进行的监督、评价活动，环境审计需要以国家大的方针为导向。

（1）只有国家政府部门将环境审计摆在一个重要的位置，并加大

环境保护意识的宣传，在环境审计方面起到模范带头作用，才能促进环境审计的进一步发展。

（2）环境审计不同于传统审计，既需要一批专业性环境审计从业人员，也需要一套完整的环境审计标准与评价体系。只有国家政府部门加大对审计从业人员的培养并构建符合我国国情的环境审计标准和评价指标体，才能促使我国的环境审计工作规范化、制度化。

（3）由于环境问题的广泛性、复杂性、动态性，环境问题的解决需要全世界的合作。在借鉴国外已有成果的基础上，我国需要加强与国外的交流与合作，从而使环境审计工作达到事半功倍的效果。

三、以企业社会责任为基础的环境审计

企业作为经济发展的基本单位，对环境方面的影响不可忽视。我国的环境审计在以国家为导向的前提下，需要以企业的社会责任为基础。一方面只有企业做到了环境的内部审计，在产品生产、销售以及项目建设中将环境污染降到最低，将能源消耗最小化，进行绿色生产，才能在真正意义上实现社会的可持续发展以及最大可能地与国际企业接轨；另一方面，由于环境保护意识的不断增强、环境会计信息披露的增多，企业出于长远发展的考虑，已从追求利润最大化走向了履行社会责任的新阶段，这也为企业社会责任环境审计提供了可行性。

参考文献

一、中文参考文献

[1] 蔡春，蔡利．国家审计理论研究的新发展——基于国家治理视角的初步思考 [J]. 审计与经济研究，2012(03).

[2] 曹建新，着长杰．我国环境绩效审计评价体系的构建 [J]. 商业会计，2009(16).

[3] 曹彼春等．审计风险模型的应用研究 [J]. 江西社会科学，2003(09).

[4] 陈东．环境审计若干理论问题初探 [J]. 财经论丛（浙江财经学院学报），1999(03).

[5] 陈淑芳，李青．关于环境审计几个问题的探讨 [J]. 当代财经，1998(09)

[6] 陈思维．环境审计的理论结构 [J]. 审计理论与实践，1998(03).

[7] 陈希晖，邢祥娟．论环境绩效审计 [J]. 生态经济，2004(12).

[8] 陈燕燕，彭兰香．我国碳审计存在的问题及对策思考 [J]. 财会月刊，2010(27).

[9] 陈英姿．国家审计推动完善国家治理的作用研究 [J]. 审计研究，2012(04).

[10] 陈玉泓．环境绩效审计问题研究 [D]. 硕士学位论文，西南财经大学，2006.

[11] 陈正兴．环境审计 [M]. 中国审计出版社，2001.

[12] 陈志强．从审计模式及其思想的演进辨析风险导向审计应有的内通 [J]. 审计研究，2006(03).

[13] 丁镇棠，程书萍，刘小峰．大型公共工程环境审计研究 [J]. 审计研究．2011(06).

[14] 费意．制约我国政府绩效审计发展的影响国素研究 [D]. 博士学位论文，上海：上海交通大学，2012.

[15] 高方露，吴俊峰，关于环境审计本质内容的研究 [J]. 贵州财经学院学报，2000(02).

[16] 高前善．生态效率 —— 企业环境绩效审计评价的一个重要指标 [J]. 经济论坛，2006(07).

[17] 耿建新，房巧玲．环境审计研究视角的国际比较 [J]. 审计研究，2004(02).

[18] 耿建新，刘长翠，李永臣．企业环境保护审计初探 [J]. 审计研究，2002(06).

[19] 郭建平．我国环境绩效审计问题研究 [J]. 北京石油管理干部学院学报，2008(03).

[20] 韩竞一等．中国环境审计实务问卷调查及初步分析 [J]. 审计研究，2005(04).

[21] 何雪峰，刘斌．碳审计理论结构初探 [J]. 会计之友（下旬刊），2010(10).

[22] 黄道国，邵云帆．多元环境审计工作格局构建研究 [J]. 审计研究，2011(03).

[23] 黄溶冰，王丽艳．环境审计在碳减排中的应用：案例与启示 [J]. 中央财经大学学报，2011(08).

[24] 黄溶冰，赵谦．环境审计在太湖水污染治理中的实现机制与路径创新 [J]. 中国软科学，2010(03).

[25] 黄志阳等．基于产权理论的审计功能与审计目标 [J]. 陕西审计，2005(04).
[26] 贾妍妍．环境绩效评价指标体系初探 [J]. 重庆工学院学报，2004(02).
[27] 姜玲玲．“免疫系统论”会计下的低碳经济审计模式探索 [J]. 中国农业会计，2011(01).
[28] 鞠芳辉等．基于模糊方法的企业环境业绩综合评价模型 [J]. 科技进步与对策，2002(03).
[29] 阚京华．基于可持续发展战略的环境审计：理论基础、应用现状和发展略径 [J]. 南京财经大学学报，2007(03).
[30] 雷光勇，崔文娟. 现代审计产权论 [J]. 审计与经济研究，2001(04).
[31] 李凤雏等．绩效审计在推动完善国家治理中的作用分析 [J]. 审计研究，2012(04).
[32] 李坤．国家治理机制与国家审计的三大方向 [J]. 审计研究，2012(04).
[33] 李璐，张龙平，WGEA 的全球性环境审计调查结果：分析与借鉴 [J]. 审计研究，2012(01).
[34] 李璐，张龙平．关于我国开展水环境审计的理论与实践探讨 [J]. 中南财经政法大学学报，2012(06).
[35] 李曼静，李国威．我国现阶段环境审计目标的研究 [J]. 现代管理科学，2010(05).
[36] 李明辉等．国外环境审计研究述评 [J]. 审计与经济研究，2011(04).
[37] 李鸣．审计在实施可持续发展战略中的作用 [J]. 审计与经济研

究，2000(03).
[38] 李山梅，陈佳稳．基于 PSR 概念框架下环境项目绩效审计评价研究 [J]. 资源与产业，2011(02).
[39] 李素利．政府绩效审计发展的影响因素研究 [J]. 审计研究，2013(02).
[40] 李雪，杨智慧．对环境审计定义的再认识 [J]. 审计研究，2004(02).
[41] 李兆东，鄢璐．低碳审计的动因、目标和内容 [J]. 审计月刊，2010(08).
[42] 廖义刚，陈汉文．国家治理与国家审计：基于国家建构理论的分析 [J]. 审计研究，2012(02).
[43] 林逢春，陈静．企业环境绩效评估指标体系及模糊综合指数评估模型 [J]. 华东师范大学学报（自然科学版），2006(06).
[44] 刘长翠，周芳．环境审计研究：历史、现状与未来 ——基于国内研究的实证分析与理论述评 [J]. 审计研究，2005(04).
[45] 刘丽敏，底萌妍．企业环境绩效评估方法的拓展：模糊综合评价 [J]. 统计与决策，2007(17).
[46] 刘少瑜等．香港碳审计：向温室气体减排迈进 [J]. 第六届国际绿色建筑与建筑节能大会论文集，中国城市科学研究会、中国绿色建筑委员会、北京市住房与城乡建设委员会，2010.
[47] 刘绍枫，胡中艾．基于平衡计分卡的煤炭企业环境绩效审计指标设计 [J]. 会计之友，2013(09).
[48] 娄尔行．试论管理审计 [J]. 财经研究，1984(01).
[49] 卢现祥．环境、外部性与产权 [J]. 经济评论，2002(04).
[50] 陆婧婧，苏宁．碳审计的国际比较与启示 [J]. 商业会计，2010(16).

[51] 陆勇，李文美．以产权保护为导向的注册会计师审计理论研究[J]. 会计研究，2006(12).
[52] 陆勇，李文美．以产权保护为导向的注册会计师审计理论研究[J]. 会计研究，2006(12).
[53] 吕嵘．低碳经济理念下的环境审计应用初探[J]. 江苏省审计学会．江苏省审计机关第四届青年审计论坛论文集，江苏省审计厅、江苏省审计学会，2010.
[54] 吕向云，李瑛．我国政府环境绩效审计评价体系初探[J]. 商业会计，2010(13).
[55] 马春英，周允征．试论我国环境审计风险模型的建构与应用[J]. 财经问题研究，2011(08).
[56] 马秀萍．开展环境绩效审计促进可持续发展[J]. 环境保护，2010(08).
[57] 马莹．基于平衡记分卡的水电施工企业绩效评价[J]. 水利水电技术，2013(09).
[58] 倪巍洲．绩效审计过程中的目标选择与实现[J]. 审计研究，2008(01).
[59] 牛鸿斌等．政府环境责任审计本质与特征的探讨[J]. 审计研究，2011(02).
[60] 钱英莲，樊鹏燕．煤炭企业低碳审计内容与方法研究[J]. 会计之友（上旬刊），2010(11).
[61] 邵丽．现代风险导向审计思想下的环境审计风险模型[J]. 科技信息，2008(26).
[62] 审计署．加强资源环境审计应对资源短缺环境污染[J]. 环境保

护，2009(18).

[63] 审计署．审计署 2008 至 2012 年审计工作发展规划 [N]．中国审计报，2008-7-14.

[64] 石玉，罗国磊．我国环境审计目标研究述评 [J]．新会计，2011(08).

[65] 宋常等．国家审计在走向善治的国家治理中的若干问题 [J]．审计与经济研究，2012(01).

[66] 宋光磊．我国环境审计研究的框架分析 [J]．山西财经大学学报，2006(12).

[67] 谭劲松，宋顺林．国家审计与国家治理：理论基础和实现路径 [J]．审计研究，2012(02).

[68] 汤亚莉，邓丽．基于环境价值链的环境绩效审计方法 [J]．科技进步与对策，2006(11).

[69] 田冠军，高飞．环境绩效审计评价指标体系思考 [J]．商业会计，2010(09).

[70] 田伟．低碳经济审计模式初探 [J]．商业会计，2010(09).

[71] 完绍芹，郑军．企业社会责任审计与评价 [J]．中国民族大学学报，2008(04).

[72] 王帆．英国低碳审计：回顾•框架•启示 [J]．经济与管理，2010(11).

[73] 王冠英．环境审计的内容和方法 [J]．湖北审计，2003(02).

[74] 王姝．国家审计如何更好地服务国家治理 ——基于公共政策过程的分析 [J]．审计研究，2012(06).

[75] 王卫亚．助推低碳经济发展的审计监督方法研究 [J]．经济与管理，2011(04).

[76] 王学龙等．基于环境价值链的企业环境绩效审计指标体系研究

[J]. 南京审计学院学报，2011(03).
[77] 伍中信等. 产权式的会计研究：回顾与展望[J]. 会计研究，2006(07).
[78] 武佳. 关于环境审计[J]. 经济师，2000(07).
[79] 西南科技大学课题组. 我国环境审计运行模式[J]. 上海会计，2001(07).
[80] 肖旭，周志方. 企业环境风险管理与环境负债评估框架研究[J]. 审计与经济研究，2012(02).
[81] 谢明，仇冬乐，储飞飞. 生态效率比：企业环境绩效审计的新方法[J]. 工业技术经济，2010(03).
[82] 辛金国，杜巨玲. 试论费用效益分析法在环境审计中的应用[J]. 审计研究，2000(05).
[83] 辛金国，刑小玲. 试论环境报告的审计[J]. 审计与经济研究，2002(04).
[84] 徐良虎，马丽. 企业环境绩效审计评价指标研究[J]. 商业会计，2011(21).
[85] 薛富平. 千峰钢铁环境绩效审计研究[D]. 硕士学位论文，兰州：兰州大学，2012.
[86] 闫嘉韬. 政府环境绩效审计研究[D]. 硕士学位论文，北京：财政部财政科学研究所，2010.
[87] 杨洁琼. 我国环境审计发展面临的问题及其对策分析[J]. 投资与合作，2011(07)
[88] 杨丽. 政府环境绩效审计问题探析[D]. 硕士学位论文，南昌：江西财经大学，2010.

[89] 杨树滋，王德升。环境审计探讨 [J]. 审计研究，2002(06).

[90] 杨婷．企业内部环境审计研究 [J]. 会计之友，2005(02).

[91] 余先仕．在全省审计工作会议结束时的讲话（摘要）[J]. 江西审计与财务，2002(02).

[92] 袁宏路．低碳审计在我国低碳经济发展中的应用分析 [J]. 企业导报，2011(08).

[93] 张爱民，郭坤．我国环境审计主体分析 [J]. 财会讯，2010(12).

[94] 张长江等．中国环境审计研究 10 年回顾：轨迹、问题与前瞻 [J]. 中国人口·资源与环境，2011(03).

[95] 张红，赵薇．国家治理理论对我国政府环境绩效审计的启示 [J]. 商业时代，2013(15).

[96] 张静，宋付杰．企业环境绩效审计评价指标体系构建研究 [J]. 新会计，2012(05).

[97] 张军．城市化发展与环境审计 [J]. 同济大学学报（社会新学版），2001(05).

[98] 张军．试论环境审计的理论基础 [J]. 湖北审计，2000(12).

[99] 张薇，伍中信．环境产权保护审计理论创新研究 [J]. 财经问题研究，2001(05).

[100] 张文秀，郑石桥．国家治理、问责机制和国家审计 [J]. 审计与经济研究，2013(07).

[101] 张以宽．轮环境审计与环境管理 [J]. 审计研究，1997(03).

[102] 张以宽．论可持续发展战略与中国环境审计制度 [J]. 审计研究，2003(01).

[103] 张正勇．中国企业实施社会责任审计的基本依据、作用机理及实

现路径 [J]. 南京财经大学学报，2010(02).

[104] 章轲 . 基于国家产权理念的国家审计本质研究 [J]. 审计研究，2012(06).

[105] 赵彩霞等 . 制度环境对政府绩效审计发展的影响研究 [J]. 审计研究，2010(04).

[106] 中国审计学会调研组 . 关于环境审计课题的调研报告 [J]. 审计研究，2009(02).

[107] 朱庆林 . 对审计定义的几种表述 [J]. 陕西审计，1995(05).

[108] 李春瑜 . 大气环境治理绩效实证分析 [J]. 中央财经大学学报，2016(03).

[109] 盛小星，叶春明 . 基于 PSR 模型的上海市雾霾影响因素空间差异分析 [J]. 生态科学，2017(07).

[110] 常媛，熊雅婷，王美玲 . 外部价值链视角下企业环境绩效评价指标设计 [J]. 财会月刊，2016(26).

[111] 陈立新 . 我国企业社会责任评价体系构建的原则、思路与框架 [J]. 全国商情，2011(03).

[112] 何平林，石亚东，李涛 . 环境绩效的数据包络分析方法——一项基于我国火力发电厂 [J]. 会计研究，2012（02）.

[113] 姜虹 . 国外企业社会责任审计研巧述评与启示 [J]. 审计研究，2009(03).

[114] 洪旭，杨锡怀 . 企业社会责任研究综述 [J]. 中国商贸，2011(12).

[115] 秦荣生 . 对我国国家审计发展战略的思考 [J]. 审计研究，2008（3）：20-25.

[116] 曲婧 . 资源审计为维护国家资源安全发挥“免疫系统”功能 [J].

中国审计，2010（4）：32-22.

[117] 石勇，赵晓光．基于公共部门与绩效审计机关博弈问题研究 [J]. 经济研究导刊，2009（11）：77-79.

[118] 张长江，陈良华，黄寿昌．中国环境审计研究 10 年回顾：轨迹、问题与前瞻 [J]. 中国人口资源与环境，2011（3）：35-40.

[119] 中华人民共和国审计署．2013—2018 年审计工作发展规划 [J]. 审计署网站，2013（1）.

[120] 俞雅乘．环境审计理论框架和评价体系 [M]. 北京：社会科学文献出版社，2016.

二、英文参考文献

[1] Accountancy Profession，"A Literature Review，"Environmental Management 36(2005).

[2] Alvarez-Larrauri，R.，Fogel，I.，"Environmentai Audits as a Policy of State，10 years of Experience in Mexico，"Journal of Cleaner Production 16(2008).

[3] Calderon，T.G.，Cheh，J.J.，"A Roadumap for Future Neural Research in Auditing and Risk Assessment，"Interntional Journal of Accounting Information Systems 3 (2002).

[4] Darnall，N.，seol，I.，"Percived Sstakehilder Influencesand Organizations; Use of Environmental Audits,"Accounting，Organizations&Society(2009).

[5] Dasgupta,S,Hettige,H,Wheeler,D.， “What Improves Environmental Compliance?Evidence from Mexican Industry， ”Environmental Economics and management(2000).

[6] Demsetz， H.， “The Pirvate Production of Public Goods ”Journal of Law& Economics 13(1970).

[7] Dixon， F.， Whittaker， M. “Valuing Coporate Environmental Performance: Innovest’s Evaluation of the Electric Utilities Industry， ”Corporate Environmental Stategy6(1999).

[8] Dixon， R.， et al.， “The Necessary Characteristics of Environmental Auditions:A Review of the Contribution of the Financial Auditing Profession， ”Accounting Forum 28(2004).

[9] Earnhart， D.， Leonard， J. Mark， “Determinants of Environmental Audit Frequency， the Role of Firm Organizational Structure， ”Journal of Environmental M-anagement (2013).

[10] Fare， R.， et al.， “An Activity Analysis Model of the Environmental Performance of Firms-Application to Fossil -fuel-fired Electric Utilities， ” Ecological Economics 18(1996).

[11] Friediob， G.T.， Schleifer， L. L. F.， “Fuzzy Logic: Application for Audit Risk ang Uncertainty， ”Managerial Auditing Journal14 (2013).

[12] Gray， Rob， “Current Developments and Trends in social and Environmental Auditing， Reporting and Attestation: A Review and Comment,”International Journal of Auditing(2000).

[13] Adrian HENRIQUES,2001,“Civil society anditing,Business Ethics:A European review”,Vol.10.Issue 1.

[14] Buchholz Rogan A.1975,"The corporate/measuring business,s social performance(Book Review)",Business & Review(Summer).Issue14.
[15] Carol A.Adams,Richard Evans,2004,"Accountabilitycompleteness,credibility and the audit expectation gap",Journal of Citizenship(Summer),Issue14.
[16] Knut Blind. (2001)The Impacts of Innovations and Standards on Trade of Measurement and Testing Products: Empirical Results of Switzer-land's Bilateral Trade Follows with Germany, France and the UK [J]. Information Economice and Poliy,(13):439-460.
[17] Morin D. (2001) Ifluence of Value for Money Audit on Public Administrations: Looking Beyond Appearances. Financial Accountability & Management(5):99-117.
[18] Morin D. (2001) Ifluence of Value for Money Audit on Public Administrations: Looking Beyond Appearances'. Financial Accountability and Management17(2):99-117.
[19] UNBOA,United Nations Board of Auditors Rules of Procedure, 2005.
[20] Xavier S M, Subramanian A (2003) Addressing the Natural Resourcecurse: An Illustration form Nigeria [R]. IMF Working Paper,133-139.
[21] IFAC, Handbook of International Auditing, Assurance, and Ethics Pronouncements, 2007.
[22] IFAC, Handbook of International Public Sector Accounting Standards Board Pronouncements,2007.
[23] NTOSAL Working Group on Environmental Auditing: Environmental Auditing and Regularity Auditing, 2004.
[24] John M. Hartwick. (2001) National Accounting with Natural and Other

Type of Capital [J]. Environmental and Resource Economics, (4): 329-341.

[25] John M. Hartwick. (2003) On the Peaking of Consumption with Exhaustible Resources and Zero Net Investment Environmental and Resource Economics,(24):235-244.

[26] Johnsen A. Meklin P. Oulasvirta L. and Vakkuri J. ,(2001) Performance Auditing in Local Government: An Exploratory Study of Perceived Efficiency of Municipal Value for Money Auditing in Finland and Norway, The European Accountign Review, (3):583-199.